J新書 11

ネイティブ厳選
日常生活英会話まる覚え

こだわりフレーズ **290**

リサ・ヴォート
Lisa Vogt

Jリサーチ出版

はじめに

　自分の考えていることや気持ちを英語で表現し伝えることができればコミュニケーションの幅がグンと広がります。でも、日本語では日常的によく使っていて簡単そうな言い回しなのに、英語で言おうとすると、単語が分からない、どう言えばいいのか分からない、ということが多いはずです。

　本書は英会話の入門者や初級者の誰もがぶつかるこうした問題を解消できるように、日常生活でよく行う動作の基本的な英語表現を掲載し、その表現について分かりやすい解説を加えています。

　場面設定は「家」です。居間でTVを見たり、キッチンで料理をしたり、お風呂に入ったり……毎日繰り返している動作を英語で示していますから、それをつぶやいてみてください。例えば、おいしい料理を食べたら "It's delicious!" とか、ステキな音楽が流れてきたら "I like this music." とか、探し物を見つけたら "Ah! Here it is." とか。すると知らず知らずのうちに基本的な英語表現が身につくはずです。

　どの表現も'基本の基本'表現ですから、使われている単語を別のものに換えれば、多くの場面で、実際の会話で応用できてグンと英会話力が高まるはずです。

　日本語同様、英語でもいろいろな言葉で伝えたい事柄を表現することができます。しかし、基本となる表現を知ってさえいれば英会話の幅はどんどん広がっていきます。本書をもとに英語でネイティヴと話し合う楽しさを実感いただけたら幸いです。

　なお、英語は国によって使われる単語、表現の仕方が異なることがありますが、本書ではアメリカ英語を基本にしています。

2010年5月　リサ・ヴォート

CONTENTS

はじめに ………………………………………………………… 2
本書の構成と使い方 …………………………………………… 4

第1章 **Around the House** ……………………………………… 7
第2章 **At the Front Door** …………………………………… 17
第3章 **Living Room** ………………………………………… 27
第4章 **Telephone** …………………………………………… 39
第5章 Bathroom: **Around the Sink** ……………………… 51
第6章 Bathroom: **Toilet Area** …………………………… 61
第7章 Bathroom: **Bath** …………………………………… 71
第8章 **Laundry** ……………………………………………… 85
第9章 Kitchen: **Before and After Cooking** …………… 97
第10章 Kitchen: **Cooking** ………………………………… 107
第11章 Kitchen: **Dining Table** …………………………… 121
第12章 **My Room** …………………………………………… 133
第13章 **Dresser** ……………………………………………… 145
第14章 **Closet** ……………………………………………… 155
第15章 **Bedroom** …………………………………………… 167

言いたい英語を日本語から引ける便利なINDEX ………… 179

本書の構成と使い方

本書は家の中の場所ごとに章分けをしています。
各章それぞれの場所における「しぐさ」や「行動」を1コマずつ切り取り、
コマをひとつずつ送っていくようにテンポよく
英会話の基本表現を覚えることができます。
内容は日常生活でよく見るシーンばかり。誰もが経験したことのあるシーンだから、
覚えた表現をさっそく自分のことにおきかえて練習することもできます！

1 シーン
それぞれの場所でよく行われる動作のシーン(シチュエーション)を表します。

2 基本的な英語表現
- 普段使っている口語表現を重視し、直訳にならず自然なフレーズを覚えられます。
- キーワードには色を付けていますので、「この日本語表現は」→「英語でこう表現する」とひと目で分かります。これを覚えておけば、物や場所などの単語を入れ替えるだけでさまざまなことが英語で表現できるようになります。

3 解説
日常表現で紹介した英語の使い方や、ほかの言い回しなどをやさしく解説。

4 例文
紹介したキーワードの使い方を別のシチュエーションで掲載。また、同じ意味だけど異なる言い回しがあるときなども例文で紹介しています。

Test Yourself
各章で紹介したキーワードをマスターできたかここでチェック。問題文は会話形式になっていますので、実際のやりとりでどう使われるかも同時に分かります。

American Tidbits
各章に関連して、日本とアメリカの生活の違いを紹介したショートコラムです。

言いたい英語を日本語から引ける便利なINDEX
本書で紹介した英語表現を日本語の意味を基準にして50音順に並べ、あわせて英文を隣に掲載しています。言いたいことをすぐに探したいときに役に立ちます。

Around the House

第1章

①gate 門	⑤front steps 階段	⑨keyhole 鍵穴
②mailbox 郵便箱	⑥front door 玄関ドア	⑩doorbell チャイム
③yard 庭	⑦peephole のぞき穴	⑪bay window 出窓
④lawn 芝生	⑧doorknob ドアノブ	⑫shingles 瓦

家に帰る

I **head for** my house.
家に**向かう**。

「～に向かう」はhead for…やhead toward…と言います。「家に帰る」という意味ではgo homeが一般的。仕事が終わったらIt's time to go home.（家に帰る時間）です。歩いて帰るときはwalk homeと言います。

Where are you heading (headed) for? どこに向かっているの？
I missed the last bus, so I walked home. 最終のバスに乗り遅れたので、歩いて家に帰った。

I **reach** the front gate.
門の前に**着く**。

「～に着く、たどり着く」はreach…。より口語的にはget to…です。arriveも「着く」を表す動詞ですが、arrive at the station（駅に着く）、arrive in Tokyo（東京に着く）など「（目的地に）到着する」という感じです。ここでは門に「たどり着いた」のでreachが自然です。

We finally reached our destination. 目的地にようやくたどり着いた。
They arrived at the airport two hours before their depature.
彼らは出発の2時間前に空港に着いた。

I **open** the gate.
門を**開ける**。

「～を開ける」はopen…。「門を開ける」と言う場合はopen the gateが一番広く使えますが、押して開く門ならpush open the gate、引いて開ける門のときはpull open the gate、横開きの場合はslide open the gateと、より具体的に表現することもできます。

Open the letter. 封筒を開けてみて。
I'd like to open a bank account. 銀行口座を新規に開きたいのですが。

第1章　Around the House

I **go in** the gate.
門の**中に入る**。

「中に入る」はgo inまたはgo insideで表現できます。逆に自分が中にいて、外にいる人に向かって「入って」と言いたいときは、Come in.と声をかけます。ただし自分が外にいる場合でも、中にいる人に対して「入ってもいい?」と聞くときはMay I go in?ではなく、May I come in?と相手から見た表現をするので注意して下さい。

She went in the yard.　彼女は庭に入った。

I **close** the gate.
門を**閉める**。

「〜開ける」がopen...であるのに対し「〜を閉める」はclose...です。close the doorやclose the bookのように使えるのはもちろん、日本語と同じで「閉店する」というようなときもclose the storeと言えます。「クローズ」と、にごって発音するので気をつけて下さい。

It's not raining now. You can close your umbrella.　もう雨がやんでるから、傘をたたむといいよ。

家に帰る

I check the mailbox.
郵便受けを見る。

この場合、文字どおり「見る」のではなく、郵便物があるかどうか確認するわけですから「〜を調べる、確認する」という意味のcheck…で表現します。check the mail（郵便物を見る）と簡単に言うこともできます。

Check the oil in the car. 　車のオイルをチェックしてね。
I'll check the spelling. 　単語のつづりを調べる。

I find some letters.
手紙がある。

ここでは「〜を見つける」という意味でfind…が便利です。過去形はfoundで、例えば「家が見つかった」という場合はI found the house.となります。ちなみに、駅やデパートなどの遺失物取扱所のことをLost and Foundと言います。lostはlose（失う）の過去形です。

I found the money in a department store. 　デパートでそのお金を拾った。
Did you lose the earrings that I gave you? 　僕があげたイヤリングをなくしたの？

I say hi to my dog.
犬にただいまを言う。

hiは、声をかけるときの「ハイ」です。「ただいま」に限らず「〜にあいさつをする」と言いたいときはsay hiやsay helloが一般的です。母親が子供にあいさつをさせるときに、日本語で「『こんにちは』は？」と言ったりしますが、この場合もSay hi.（またはSay hello.）と言います。また、後ろにfor meを付けると「〜によろしく」に近い意味になります。

Say hi to your uncle. 　おじさんにごあいさつしなさい。
Say hi to Pete for me. 　ピートによろしく伝えて下さい。

第1章　**Around the House**

I **pat** my dog.
犬をなでる**。**

「〜をなでる」はpat...。手のひらで軽く触ったり、たたいたりする動作を表す言葉です。落ち込んでいる人にはpat his/her shoulder（肩をポンとたたく）してあげましょう。pat him on the shoulderと言うこともできます。

I patted the boy on the head.　男の子の頭をなでた。

I **go to** the front door.
玄関へ行く**。**

「〜へ行く」はgo to...です。この場合は「玄関の方へ向かって歩く」と考えて、walk toward the front doorと言ってもかまいません。ちなみに、玄関がfront doorであるのに対し、勝手口や裏口はback doorです。

Charley went to Vietnam last month.　チャーリーは先月ベトナムに行きました。
The suspicious character walked toward the back door.　不審な人物が裏口の方へ歩いて行った。

I pat my dog.

I turn the doorknob.

ドアノブを回す。

ノブやつまみなどを回転させる動作を表すときはturn。コマなどを早く回転させるときはspinです。「ボリュームを上げる(下げる)」と言いたいときは、turn up (down) the volumeですが、これは例えばリモコン操作など、今では回す動作を伴わない場合でも使われます。

Turn the steering wheel to the left.　ハンドルを左にきって下さい。
Could you turn up the volume?　ボリュームを上げてくれる?

The door is locked.

鍵がかかっている。

lockは動詞で「鍵をかける」という意味です。英語では「ドアは鍵をかけられている」という表現をします。ちなみに、lockは名詞では錠前そのものを指し、鍵はkey、鍵穴はkeyholeと言います。

Don't forget to lock the door.　玄関の鍵をかけるのを忘れないで。

I ring the doorbell.

玄関のチャイムを鳴らす。

「〜を鳴らす」という動作を表す言葉は、何を鳴らすのかによっていくつかの動詞が考えられます。ベルなどを鳴らす場合はringを使います。同じ呼び出し音でもブザーを鳴らす場合は、「押す」を意味するpressやpushが一般的です。玄関のチャイムのことはdoorbellと言います。

The girl on her bike crossed the street ringing the bell.　自転車に乗った少女が、ベルを鳴らして道路を横切った。
He pressed the buzzer and ran away.　彼はブザーを押して逃げた。

第1章　**Around the House**

I wait (for someone to come to the door).
（誰かが来るのを）待つ。

「待つ」はwaitです。「～を待つ」というときはwait for...と言います。見出し語のように「誰かが出てくるのを待つ」という意味の場合は、カッコの中のような表現を加えると、より具体的に言うことができます。

I'm waiting for a bus (to come).　バスを待っています。

My mother comes to the door.
母親が玄関に出る。

「玄関（口）に出る」はcome to the doorで表現します。come to...は「～に来る」という意味です。また、家の中にいてノックが聞こえたときに「あなた、出てくれる?」と言いたいときは、Could you answer it?やCould you get it?です。これは電話のときにも使えるので便利です。

Please come to my home sometime.　いつか私の家にいらして下さい。

"I'm home."
「ただいま」

「ただいま」に直接対応する英語はありませんが、Hi. I'm home.が近い表現です。父親に言うのであればHi, Dad. I'm home.です。「おかえりなさい」にあたる言葉はなく、Hi.と言ってから、その日の話を始めたりします。このhomeは「家に」という意味です。人の家を訪問して「誰か（家に）いますか?」と聞くときはIs anybody home?です。

第1章
Test Yourself

空欄に適切な語を入れましょう。
2語以上入る場合もあります。
難しいときは「ヒント」を参考にして下さい。

1
A: How can I get to the station?
駅へどう行くのですか？
B: Turn right when you (　　) the main street.
大通りに出たら、右に曲がって下さい。

2
A: Could you (　　) down the volume?
ボリュームを下げてくれない？
B: This is my favorite song.
これ、大好きな曲なんだよ。

3
A: Where are you (　　) for?
どこに行くの？
B: For Tawanka, my favorite restaurant.
タワンカだよ。気に入ってるレストランなんだ。

4
A: What did you do last weekend?
週末は何をしたの？
B: I (　　) Kyoto to see the Fire Festival.
京都に火祭りを見に行って来たわ。

5
A: Could you go (　　) the mailbox, Sean?
ショーン、郵便受けを見て来てくれない？
B: I did. We got a letter from Kristy.
もう見たよ。クリスティーから手紙が来てた。

6
A: Are you sure you (　　) the safe?
本当に金庫に鍵をかけたの？
B: Yes. …Well, maybe.
ああ…たぶんね。

第1章　Around the House

ヒント➡　head, find, check, open, reach, home, turn, lock, close, go to, hi, wait

7
A: Did you ( ) a new apartment?
新しいアパート見つかった？
B: Yes, we're moving in tomorrow.
うん、明日引っ越しだよ。

8
A: Can you go to Ben Franklin and get some food?
「ベンフランクリン」に行って食事の買い物してくれない？
B: It's ( ) on Sundays.
あそこ、日曜は閉まってるよ（定休日だよ）。

9
A: It's really hot in this room.
この部屋、本当に暑いわね。
B: Shall I ( ) the window?
窓を開けましょうか？

10
A: Hi, is Jeanette ( )?
ジャネットさんは（家に）いますか？
B: Yeah, I'll get her.
ええ。呼んで来るわ。

11
A: Say ( ) to your grandpa.
おじいちゃんにごあいさつは？
B: Hi.
こんにちは。

12
A: I ( ) for you more than three hours.
3時間以上も待ってたのよ。
B: Sorry, I completely forgot our appointment.
ごめん。約束してたのをころっと忘れてたよ。

American Tidbits

HOUSEとHOMEの違いは？

　間違えられやすい単語にhouseとhomeがあります。houseは単に建物を指します。例えば物件を探しているのなら、I'm looking in magazines and newspapers for a house. といった具合です。一方、homeは人が住んでいる家、家庭を指します。大きかろうが小さかろうが家族が住んでいて、自分たちが築いた空間であれば、そこはhouseではなくhome。温もりのあるところを指すのです。以前、大人気となった映画「HOME ALONE」を覚えていますか？　クリスマスにひとり家に取り残されてしまった男の子が、泥棒から家を守ろうと大活躍するコメディ映画ですが、いつも家族がいる家に「ひとりぼっち」で残される淋しさをこのタイトルが表していますね。スポーツでも競技場を指してhome groundとか単にhomeと言ったりしますが、これも「私たちが住んでいる地元の」という気持ちが込められた言葉です。愛情のこもった家がhomeと覚えて下さい。英語ではこんなことをよく言います。Home is where the heart is.　心のあるところ、それが家。

答え→❶reach ❷turn ❸heading[headed] ❹went to ❺check ❻locked ❼find ❽closed ❾open ❿home ⓫hi ⓬waited

At the Front Door

第2章

① high heels　ハイヒール
② rubber boots　長靴
③ low heels　ローヒール
④ shoehorn　靴べら
⑤ shoe cabinet　下駄箱
⑥ golf clubs　ゴルフクラブ
⑦ glove　グローブ
⑧ throw rug　玄関マット
⑨ umbrella　傘
⑩ athletic shoes　運動靴
⑪ slippers　スリッパ
⑫ coat rack　コートかけ

靴を脱ぐ

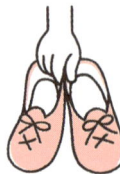

I go in the front door.
玄関に入る。

「入る」と言うときは、go inと言います。goは「行く」という意味で、inは「中に」ということですから、go inで「中に入る」という意味になります。逆に外に出るときはgo outです。またenterも「中に入る」ですが、go inほど口語的ではありません。enterにはinを付けず、enter the roomと言うので注意して下さい。

She went in her room. 彼女は部屋に入った。
He went out for a walk. 彼は散歩に出かけた。

I put my baggage on the floor.
荷物を床に置く。

「置く」はputです。putは文脈によって、さまざまな日本語に七変化します。基本的な考え方としては「物をある場所に位置させる」ことですので、床の上なら「置く」、箱の中なら「入れる」になるわけです。日常のいろいろな行動表現が、putで簡単に言い表せます。

He put a book on the table. 彼はテーブルの上に本を置いた。

I untie my shoelaces.
靴ひもをほどく。

ひもを「ほどく」というのはuntieと言います。この単語は、結んであるものをほどいたり、包みなどのひもやリボンをほどいたりするという意味で使われます。これはtieの反対の言葉で、tieは「結ぶ」という意味です。

This knot is hard to untie. この結び目はなかなかほどけない。
She tied the parcel. 彼女はその包みを(ひもで)結んだ。

第2章　**At the Front Door**

I take off my shoes.
靴を脱ぐ。

「〜を脱ぐ」はtake off...と言います。このフレーズは、靴のほかにも服や眼鏡、アクセサリーなど、身に付けるものに使えます。take offにはこのほかにもいろいろな意味がありますが、まずは「脱ぐ」という意味で覚えておきましょう。

Feeling hot, I took off my jacket.　暑いのでジャケットを脱いだ。

I put the shoes in order.
靴をそろえる。

「そろえる」と言いたいときにはput in orderを使います。putは前にも出てきたとおり「物をある場所に位置させる」という意味です。in orderは「順序正しく、きれいに」ということです。この表現は、靴のほかにもさまざまな物を「整える、整理する」という意味で使えます。

We should put the files in order.　ファイルをきれいに並べた方がいい。
I need to put my ideas in order.　考えを整理する必要がある。

I go in the front door.

靴磨き

I take shoes out of the shoe cabinet.

CD 04

下駄箱から靴を取り出す。

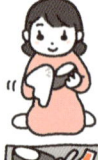

「～を取り出す」はtake…outですが、「AからBを取り出す」のように、どこから取り出すのかを言うときは、take B out of Aです。takeは基本的に「物を自分の方に取ること」を表します。

I took a pen out of my pocket.　ポケットからペンを取り出した。

I sit on the floor.

CD 04

床に座る。

「座る」と言うのはsit。「～の上に座る」のだからsit on…です。ただし、肘かけイスに座るときには、イスの中に体を入れるような感じになるので、sit inと言います。過去形はsittedではなく、satになるので気をつけて下さい。

Don't sit on the table.　テーブルの上に座っちゃだめ。
He sat in an armchair.　彼は肘かけイスに座った。

I hold a shoe.

CD 04

靴を持つ。

「持つ」という意味のhaveがありますが、ここではholdを使います。holdは「手にもつ、つかむ」というような意味で、haveは「所持している」といった感じです。例えば、have a fax machineだと「(家に)ファクスがある」ということですが、hold a fax machineと言うと「ファクスを抱えている」という意味になります。

Can you hold my bag for a moment?　ちょっとカバンを持っててくれる。
Do you have a pen?　ペン持っている?

第2章　At the Front Door

I dust it with a brush.
ブラシでほこりを落とす。

「ほこりを落とす」をdustと言います。dustには「ほこり」という名詞と、「ほこりを払う」という動詞のふたつの使い方があります。brushという単語もこれと同じで、名詞では「ブラシ」、動詞では「ブラシをかける」という意味になります。ここでは「ブラシでほこりを落とす」わけですから、dustの代わりにbrushを使うこともできます。

Dust the table.　テーブルのほこりを払ってちょうだい。
I brushed away the dust.　私はブラシでほこりを落とした。

I squeeze the cream out of the tube.
チューブを押して中身を出す。

「押し出す」と言うときはsqueezeを使いましょう。squeezeには「絞る」という意味があります。Squeeze...out of...で「ギュッと絞って中身を出す」といった感じです。マヨネーズを絞ったり、レモンを絞ったりするときにも使えます。

I squeezed mayonnaise out of the container.　私はチューブからマヨネーズを押し出した。

I spread it on the shoe.
靴に塗る。

「塗る」という言い方はいくつかありますが、ここではspreadを使ってみましょう。spreadにはもともと「広げる」という意味があります。「靴の上に広げる」、つまり「靴の上に薄く広げて塗る」という意味になります。同じ塗るでもdabという動詞を使うと、「軽くたたくようにパタパタ (ペタペタ) 塗る」という感じになります。

She spread butter on her toast.　彼女はパンにバターを塗った。
I dabbed some cream on my face.　顔にクリームをパタパタ塗った。

I polish the shoe with a cloth.
靴を布で磨く。

「磨く」はpolishです。靴や家具などを磨くというだけでなく、文章や技術などに磨きをかけるという意味もあります。ちなみに、英語でapple-polishと言うと、日本語で言う「ごまをする、ご機嫌をとる」という意味になります。

She is polishing her nails. 彼女はつめを磨いている。
She polished her English. 彼女は自分の英語に磨きをかけた。

"Done!"
「できあがり！」

「できた！」と言うのはDone!です。この単語は動詞doからきています。このように感嘆の言葉として使うと「できあがり！」とか「終わった！」という意味になります。Well done!と言ったら「うまくできた！」。出来栄えにとっても満足したら、Excellent!「まあきれい！」です。

来客

The doorbell rings.
玄関のチャイムが鳴る。

チャイムや電話などが「鳴る」ことをringと言います。前章で「（チャイムを）鳴らす」という意味でringが出てきましたが、「鳴る」という意味でも使えます。リンリンとなるからringと覚えましょう。また、チャイムなどの鳴る音のことを、名詞でringと言うこともできます。

The telephone is ringing. 電話が鳴っている。
I answered on the third telephone ring. 3回目のベルで電話に出た。

第2章　At the Front Door

I look through the peephole.
のぞき穴からのぞく。

「のぞく」は、ここではlook throughと言います。throughには「〜を通して」というニュアンスがあります。peepholeのpeepも「のぞく」という意味の動詞として使えますが、こちらは「のぞき見する」という意味で、あまりいいニュアンスではありません。

He was looking through a telescope.　彼は望遠鏡をのぞいていた。

I unchain the door.
チェーンを外す。

「チェーンを外す」は、unchainを使って表します。chainには「鎖」という名詞を、「鎖をかける」という動詞の意味があります。頭の反対の動作を表すときのun-をつけてunchainとすると「鎖を外す」という意味になります。

She unchained the dog.　彼女はその犬の鎖を外してやった。
Don't forget to chain the door.　忘れずにドアに鎖をかけて下さい。

I open the door.
ドアを開ける。

「開ける」はopenです。ドアのほかにも、いろいろな物を開けるのに使われます。窓を開けたり、引き出しを開けたり、ビンのふたを開けたり、口を開けたり。「心を開く」という意味でもopenが使えます。

Open your textbook to page 10.　教科書の10ページを開いて下さい。
She finally opened her heart.　彼女はついに心を開いた。

第2章
Test Yourself

空欄に適切な語を入れましょう。
2語以上入る場合もあります。
難しいときは「ヒント」を参考にして下さい。

1
A: Will you (　　) the vase on the table?
その花ビンをテーブルの上に置いてくれる？
B: How about on the chest?
チェストの上はどうかしら？

2
A: Did you (　　) butter on my toast?
私のパンにバターを塗ってくれた？
B: No. Not yet.
いいえ。まだよ。

3
A: Will you (　　) the knot? It's so hard.
この結び目をほどいてくれる？　すごく固いのよ。
B: OK. Let me do it.
いいよ。やってあげる。

4
A: You have to (　　) your shoes before you enter the room.
部屋に入る前に靴を脱がないとだめよ。
B: I know.
分かってるよ。

5
A: Will you (　　) the cabbage out of the refrigerator?
冷蔵庫からキャベツを出してくれる？
B: Here you are.
はい、どうぞ。

6
A: Don't (　　) on the desk!
机の上に座っちゃだめよ！
B: I'm sorry.
ごめんなさい。

24

ヒント➡ take, ring, sit, chain, put, squeeze, untie, take off, hold, polish, dust, spread

7
A: I ( ) the floor everyday.
私は毎日床を磨くのよ。
B: That's why it's always shining.
だからいつもぴかぴかなんだね。

8
A: Didn't the doorbell ( )?
チャイムが鳴らなかった？
B: I didn't hear it.
聞こえなかったわ。

9
A: Is there anything I can do for you?
何か私にできることある？
B: Yes. ( ) the lemon, please.
ええ。レモンを絞ってちょうだい。

10
A: Your desk is covered with ( ).
あなたの机、ホコリがたまってるわよ。
B: I haven't cleaned for a month.
1カ月掃除してないんだ。

11
A: Look. This is my baby. Isn't she cute?
見て。私の赤ちゃんよ。かわいいでしょ。
B: Let me ( ) her.
ちょっと抱かせて。

12
A: I forgot to ( ) the door.
ドアに鎖をかけるのを忘れたわ。
B: I locked it.
僕がかけたよ。

American Tidbits

家は「上がる」もの、「入る」もの？

　日本では玄関で靴を脱いで、家に「上がる」ことで内と外を区別する感覚があります。でもアメリカでは家に「入る」のに靴を脱ぐ習慣がないので、玄関のドアを開けたところから家の中までずーっと平らで、はっきりと区別する感覚がありません。リビングのソファに座るときも、キッチンで料理をするときも靴を履いています（ときにはスリッパに履きかえる人もいますが）。唯一履いていないのはベッドで眠るときだけ。日本人の感覚では「ちょっと疲れそう」かもしれませんね。また、玄関のドアが2重になっている家もあります。普通のドアと網戸になっているscreen doorです。郊外の一戸建ての家ではよく見る光景です。用途は日本と同じで、風通しをよくすることと虫避けです。

　アメリカの家では裏庭に板張りの大きなベランダのようなback porchがあります。バーベキューテーブルやピクニックチェアーが置いてあり友人や家族が集って、ここでバーベキューをしたり、その後ここでのんびりと過ごしたりします。これに対して玄関脇にある場合は、front porchと言います。映画では、よくここにベンチやブランコが置いてありますね。これもアメリカの一戸建ての家にはよく見られます。

答え→❶put ❷spread ❸untie ❹take off ❺take ❻sit ❼polish ❽ring ❾Squeeze ❿dust ⓫hold ⓬chain

第3章 Living Room

① lamp　照明灯
② air conditioner　冷房(機具)
③ plant　(観葉)植物
④ armchair　肘かけイス
⑤ remote control　リモコン
⑥ clock　時計
⑦ television　テレビ
⑧ outlet　コンセント
⑨ carpet　じゅうたん
⑩ love seat　ふたりがけソファ
⑪ wallpaper　壁紙
⑫ chair　イス

くつろぐ

Here is the living room.
ここがリビングルーム。

「ここが〜」または「ここに〜がある」と表現したい場合は、Here is the...という言い方をします。例えば、チェックインしたばかりのホテルの部屋を見て回っているときHere is the bathroom.(ここがお風呂だ)、Here is the room service menu.(ここにルームサービスのメニューがある)、Here is the room key.(ルームキーはここだ) などと言うことができます。

Here is a book. ここに本がある。

The tea is on the coffee table.
お茶はテーブルの上。

「〜の上」と表現したいときにはon...を使います。onはある物が別の何かに接触している場合に用いられるので、「〜の上」のほかにも「〜を身につけて」という意味もあります。壁にかかっているものもonです。ちなみに、coffee tableはソファの前に置く細長いローテーブルのことです。

The pen is on the desk. そのペンは机の上にあります。
I have a ring on my finger. 私は指輪をしています。

I will sip the tea.
お茶をすすろう。

「すする、ちびちび飲む」と言いたいときはsipを使います。sipは熱いもの、もしくはアルコール度が高いお酒を飲むときに使われる表現です。またsipは名詞としても使われ、take a sipと言うと「ひと口飲む」という意味になります。

He sipped the tequila. 彼はテキーラをちびちび飲んだ。
She is sipping the onion soup. 彼女はオニオンスープをすすっている。

第3章　Living Room

"It's delicious!"
「おいしい！」

「おいしい」と言いたいときはIt's delicious!と言いましょう。特に褒めるときなどに用いられる表現なので、普段はgoodやniceを使うことが多いです。また子供がよく使う表現でyummyという言葉も聞かれます。

This dressing is delicious!　このドレッシング、おいしい！
Umm, it's yummy.　う〜ん、おいしい。

Where's the TV remote control?
テレビのリモコンはどこ？

日本語では、パソコン、ワープロなど、よく英語を縮めて言います。リモコンもそのひとつです。しかし、これらは完全な造語で、このように省略して言っても英語を母国語としている人にはまったく通じません。英語ではremote control、personal computer、word processorなどのように省略しないで言って下さい。Where's…? は、探している物や人が見当たらないときに使いましょう。

Where's my wallet?　私の財布はどこ？

I will sip the tea.

"Here it is"
「あった」

探していた物が見つかったときにはHere it is.と言います。例えば、ある場所を探していて、その場所を見つけたら、地図を指差しながら、Here it is! と言いましょう。置き忘れた鍵が見つかったときにもHere it is! と言えます。

It's time for my favorite program.
大好きな番組の時間だ。

「〜の時間だ」と言いたいときにはIt's time for...を使います。また、例えばIt's time to go to bed.（もうベッドに入る時間だ）のように、「〜する時間だ」と動作を表したいときは、forの代わりにtoを使い、その後に動詞を続けます。「大好きな」はfavoriteと言います。

It's time for my favorite dessert. 大好きなデザートの時間なの。

It's time for my favorite program.

第3章　Living Room

I turn the TV on.
テレビをつける。

「〜をつける」と表現したい場合は一般的にturn onが用いられます。「〜」にあたる言葉が、テレビやクーラーなど具体的な名称の場合、turnとonの間に入れるか、onの後に付けるかは、どちらでもかまいません。しかし、itを用いる場合には必ずturn it onのようにonの間に入れるようにして下さい。

I turned the air conditioner on.　私は冷房をつけた。

I turn up the TV.
ボリュームを上げる。

ラジオやテレビなどの「ボリュームを上げる」と言いたいときには、turn up…を使います。またturn up the volume of the TVと言うこともできます。ちなみに、turn upには「(服の袖など)をまくる、折り曲げる」という意味もあります。

Could you turn up the radio, please?　ラジオのボリュームを上げてもらえますか?
He turned up his sleeves.　彼は袖をまくった。

I watch the program.
番組を見る。

「番組を見る」はwatchです。ほかに「見る」という意味の単語をよく使うものにseeとlook atがあります。これらは使い方が紛らわしいですが、watchは「動きのあるものを注意して見る」、seeは「特に見ようとしていなくても自然に見える」、look atは「意識して目を向ける」という意味です。

I'm watching the baseball game.　私は野球の試合を見ています。
I looked at the direction, but I couldn't see anything special.　その方向を見たが、特に何も見えなかった。

It's 11 o'clock.
11時だ。

現在の時間を言うときにはIt's...を使います。「ちょうど11時」などと言うときは、数字の後にo'clockを付けます。「11時30分」はeleven thirty、またはhalf past elevenです。また、日本人には耳慣れませんが「4分の1」のことをquarterと言い、「11時15分」をquarter past eleven、「10時45分」をquarter to elevenと言ったりします。

It's already 5 o'clock. もう5時だ。
It's quarter to one. 12時45分だ。

I turn the TV off.
テレビを消す。

テレビやラジオを消すと言いたいときは、turn offを使います。これは「〜をつける」のturn onの反対語です。また、turn the TV offの代わりにswitch the TV offと言うこともできます。

I turned the radio off. 私はラジオを消した。
Please switch the TV off. テレビを消して下さい。

I close the curtains.
カーテンを閉める。

「〜を閉める、閉じる」はclose...を使います。また、draw the curtainsは「カーテンをひく」という意味で、後ろにtogether（一緒に、ひとつに）を付けると「カーテンを閉める」、aside（離れて）を付けると「開ける」という意味になります。draw down the blindsと言えば「ブラインドを引き下ろす」という意味です。

Please close the window. 窓を閉めて下さい。
I drew the curtains together. カーテンを閉めた。

第3章 **Living Room**

I **turn off** the light.
部屋の明かりを消す。

明かりを消す場合も、テレビやラジオを消す場合に使ったturn offを使います。ほかにもturn offは「水道やガスなどを止める」場合にも用いられます。例えばturn off the water（水を止める）などのように使います。

I turn the lamp off. 私はランプを消した。

I **leave** the living room.
リビングルームを出る。

「（場所を）出る、去る、離れる、出発する」と表現したい場合は、leave…を使います。例えばThe plane left Osaka.（その飛行機は大阪を発った）となります。目的地を言う場合には、forを使ってfor New Yorkなどを文の終わりに付けます。また、leave…には「～を置き忘れる」という意味もあります。

I left the room. 私は部屋を出た。
She left her bag in the train. 彼女はカバンを電車の中に置き忘れた。

I close the curtains.

友だちを訪ねる

What a nice love seat!
ステキなふたりがけソファ！

「なんてステキな〜だろう！」と何かを褒めるときによく耳にするのが、What a nice…!です。niceの代わりにgreatやwonderfulなどを使うこともできます。love seatは、小さいソファのことです。ひとりにはちょっと大きいが3人は座れない、カップルで座るのにちょうどいい小さめのソファのことです。

What a nice birthday cake!　ステキな誕生日ケーキ！

Let me sit down.
座ってみよう。

「（私に）〜させて」とか「〜しよう」「〜してみよう」と言いたいときにはLet me…を使います。例えばLet me help you.「私に手伝わせて」と相手の意向を聞く場合、Can I help you? Shall I help you? とすることもできますが、Let me…の方が、積極的な気持ちを表現できます。

Let me try this.　私にこれをやらせて。
Shall I make a photocopy?　コピーをとりましょうか？

Ah…It's so comfortable!
ああ、とっても快適！

何かが「とっても〜だ」と表現したい場合にはIt's so…を使います。soは、cold（冷たい）、warm（暖かい）、beautiful（美しい）などの形容詞を強調するものです。また、comfortableは「快適」という意味で、靴、洋服、部屋、ベッドなど、何でも気持ちがよいときに使って下さい。

It's so sweet!　とっても甘い！
This room is so comfortable!　この部屋はとても心地よい。

第3章　Living Room

The wallpaper is lovely.
美しい壁紙。

何かが「美しい、華麗、きれい」だと言いたいときにはlovelyを使うことができます。また、lovelyには「素晴らしい、ステキな」という意味もあり、先ほどの「ステキなソファ」を、niceの代わりにlovelyで表すこともできます。ただし、この意味でのlovelyは女性がよく使うものなので、男性の方は注意して下さい。

Her voice is lovely.　彼女の声はきれいです。

This cushion is so soft.
とても柔らかいクッション。

とても柔らかい感じを伝えたいときはso softを使います。softには「柔らかい」のほかにも「(風、気候などが) 穏やかな」「(声などが) 柔らかい」などという意味があります。例えば、a soft breeze (穏やかなそよ風)、soft-spoken character (柔らかい口調で話す人) のように使います。

The mattress is so soft.　そのマットレスはとても柔らかい。
He speaks in a soft voice.　彼は穏やかな声で話す。

Ah…It's so comfortable!

第3章
Test Yourself

空欄に適切な語を入れましょう。
2語以上入る場合もあります。
難しいときは「ヒント」を参考にして下さい。

1
A: It's getting dark outside.
外が暗くなってきたわね。
B: We should (　　) the curtains.
カーテンを閉めましょう。

2
A: Try some cookies I baked.
私が焼いたクッキーを食べてみて。
B: Wow! It's (　　)!
わあー、とってもおいしいわ。

3
A: I can't open the window.
窓を開けることができないの。
B: (　　) me try it.
僕にやらせてみて。

4
A: (　　) 9 o'clock already!
もう9時だ！
B: We have to go home.
家に帰らなくては。

5
A: Can you (　　) the TV?
テレビのボリュームを上げてくれる？
B: OK. I'll do that.
いいよ。

6
A: This room smells bad.
この部屋は嫌なにおいがするよ。
B: Yes. I want to (　　) this room.
そうだね。ここから出たいな。

第3章　Living Room

ヒント➡ turn up, on, close, where's, turn off, comfortable, delicious, time, watch, it's, let, leave

7
A: It's ( ) for my favorite drama.
大好きなドラマの時間だわ。
B: You mean this one? I like it, too.
このドラマのことかい？　それなら僕も好きだよ。

8
A: ( ) the book I borrowed from the library?
私が図書館で借りた本はどこ？
B: I saw it on your desk.
君の机の上で見たよ。

9
A: I have a headache.
頭が痛いんだよ。
B: Are you all right? Anyway, I'll ( ) the TV.
大丈夫？　とにかくテレビを消すわ。

10
A: I have to go outside.
外出しないといけないのよ。
B: Then, I will ( ) your baby.
だったら私が赤ちゃん見てるわよ。

11
A: It's really hot outside. I sweated.
外は本当に暑いよ。汗をかいちゃった。
B: There is a towel ( ) the chair.
そのイスの上にタオルがあるわよ。

12
A: The sofa looks so ( ).
あのソファはとても気持ちよさそうね。
B: Yes, it does!
本当ね。

American Tidbits

Halloweenの夜、リビングは大変身

　アメリカにはさまざまな年中行事があって、それに合わせて飾り付けもにぎやかにします。クリスマスにはツリーやカードをたくさん飾ったり、バレンタインデーには大きなハート型の箱や花を、イースターにはうさぎや卵の形をしたチョコレートを飾ります。そして、10月31日のハロウィンになると、リビングをイベント会場に変身させてしまう家が登場します。

　その日、夕方になると子供たちは流行の人気キャラクターのコスチュームを着たり、お姫さまの格好など、さまざまな変装をして近所の家を訪ねてキャンディなどお菓子をもらって回ります。ドアベルを鳴らし大きな声で"Trick or Treat"（何かいいものくれないと、いたずらするぞ！）と言ってドアを開けさせます。そこでお菓子をもらってまた次の家へと行くのですが、中にはリビングをお化け屋敷に変身させ幽霊やお化けが出てくるように仕掛けて（もちろん家の人が化けているのですが）、暗い迷路になったリビングをぐるぐる回ってやっと裏口から子供たちを解放する家もあります。もちろん、こういう家は大人気で、わいわい順番を待ったり、楽しい悲鳴をあげる子供たちの声でとてもにぎやかです。アメリカのリビングにはこんな楽しい舞台となる一面もあるのです。

答え→ ❶close ❷delicious ❸Let ❹It's ❺turn up ❻leave ❼time ❽Where's ❾turn off ❿watch ⓫on ⓬comfortable

Telephone
第4章

① answering machine with fax　ファクス付留守番電話
② receiver　受話器
③ enlarged copy　拡大コピー
④ reduced copy　縮小コピー
⑤ send　送信
⑥ receive　受信
⑦ function　設定
⑧ play　再生
⑨ hold　保留
⑩ fax paper　ファクス用紙
⑪ address book　アドレス帳
⑫ cellular phone　携帯電話

間違い電話

The phone rings.
電話が鳴る。

鐘やベルなどが「鳴る、響き渡る」と表現したい場合はringを使います。「電話が鳴っている!」と言いたいときは、The phone is ringing. と言います。過去形はringではなくrangと変化するので気をつけましょう。

The phone rang again. 電話のベルがまた鳴った。

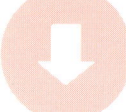

I pick up the phone.
受話器を取る。

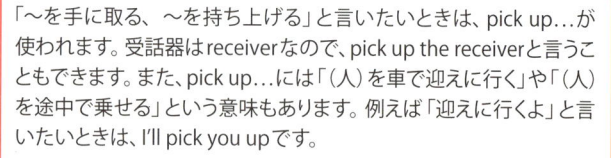

「〜を手に取る、〜を持ち上げる」と言いたいときは、pick up...が使われます。受話器はreceiverなので、pick up the receiverと言うこともできます。また、pick up...には「(人)を車で迎えに行く」や「(人)を途中で乗せる」という意味もあります。例えば「迎えに行くよ」と言いたいときは、I'll pick you upです。

I picked up a book. 私は本を拾い上げた。
The bus picked up the passengers. バスは乗客を乗せた。

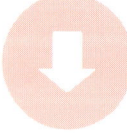

It was a wrong number.
間違い電話だ。

「間違い電話」はwrong numberと言います。自分が間違い電話をしてしまったら、I'm sorry. I think I have the wrong number.「すみません、間違えました」。間違い電話がかかってきたら、You must have the wrong number.、またはI think you've got the wrong number.(おかけ間違いですよ)などと言います。

I dialed the wrong number. 間違い電話をしてしまった。

第4章　Telephone

I hang up.
電話を切る。

「電話を切る、受話器を置く」は決まったフレーズでhang upを使います。ただし、hang up on〜とすると、話をもっとしたいのに「相手が〜に対して一方的に電話を切る」という意味になるので注意が必要です。

I talked more than two hours before I hung up.　私は2時間以上話した後電話を切った。
He hung up on me.　彼は一方的に電話を切った。

I look for my friend's phone number.
友だちの電話番号を探す。

「〜を探す」はlook for...です。search for...でも同じような意味ですが、look for...の方が一般的でカジュアルな表現です。また「探す物」ではなく、どこを探すか「探すところ」を言いたいときは、lookやsearchのすぐ後にその場所を言うので注意して下さい。

I'm looking for a job.　私は仕事を探している（求職中だ）。
I searched my purse for the ring.　バッグの中に指輪がないか探した。

I dial the number.

I **dial** the number.
ダイヤルする。

「電話番号を回す、ダイヤルする」と言うときには、dialを使います。これはダイヤル式の電話が主流だったときの名残りで、プッシュボタン式の電話に使ってもかまいません。今はプッシュボタン式の電話がほとんどなので、push the numberという言い方もできます。
Please dial 0120 first.　まず0120をダイヤルして下さい。

"The number you have just reached is not a working number."
「現在使われておりません」

使われていない電話番号にかけてしまったとき、アメリカではこのような音声が流れてきます。日本語の「お客様のおかけになった電話番号は現在使われておりません」にかなり近い文章ですね。

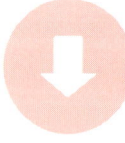

I **try again**.
かけなおす。

「かけなおす」は、番号を押し間違えたかもしれないので「再び試みる」という意味でtry againと表現できます。tryは日本語の「トライしてみる」と同じ意味で、「試みる、試しにやってみる」ということです。
I tried everything but I couldn't lose weight.　私はあらゆることを試してみたけれど、体重を減らせなかった。

第4章　Telephone

The line is busy.
お話し中だ。

「話し中」と言うときにはbusyを使います。busyの基本的な意味は「忙しい」で、I'm busy doing my homework.と言うと「私は宿題をするのに忙しい」となります。また「道路の交通量が多い」のも「街がにぎやか」なのもbusyで表現できます。

I called him, but the line was busy.　彼に電話したが、話し中だった。
The road was busy.　その通りは交通量が激しかった。

I call again.
もう一度かけなおす。

「もう一度同じ番号にかけなおす」わけですからcall againと言います。callは「電話をかける」という意味の最も一般的な動詞です。またcallは名詞でもよく使われ、"You have a (phone) call from John."と言えば「ジョンから電話よ」ということです。

Please call me at this number.　この番号にかけてきて下さい。
There was a call from Amy.　亜美から電話があったわよ。

The line is busy.

She answers the phone.
彼女が出る。

「(相手が電話に)出る」は、answer the phoneを使います。answerは「(質問などに)答える」という意味の動詞です。また「電話に出る」ということは、相手が受話器を取ることでもあるので、先ほど出てきたpick up the phoneを使って、She picks up the phone.と言うこともできます。

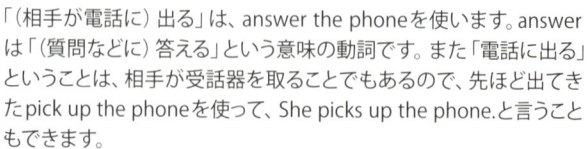

Could you answer the phone?　電話に出てくれる?
Answer my question.　私の質問に答えなさい。

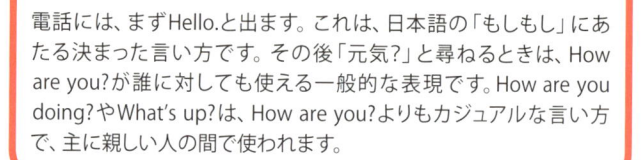

"How are you (doing)?"
「やあ、元気?」

電話には、まずHello.と出ます。これは、日本語の「もしもし」にあたる決まった言い方です。その後「元気?」と尋ねるときは、How are you?が誰に対しても使える一般的な表現です。How are you doing?やWhat's up?は、How are you?よりもカジュアルな言い方で、主に親しい人の間で使われます。

How are you doing?

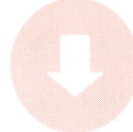

"I have a call on the other line."
「キャッチホンが入った」

キャッチホンは和製英語です。アメリカではキャッチホンをcall waitingなどと言います。キャッチホンが入ったときには見出し語のほかにI have a call waiting.やThere's another call coming (through).と言うこともできます。

"Hold on."
「ちょっと待ってて」

hold onは「電話を切らないでおく」という意味です。Hang on.とも言えます。holdは「待つ」「耐える」「（会議などを）催す」などいろいろあり、日常会話によく出てくるので覚えておくと重宝する単語です。例えば「カバンを持つ」はhold my bag、「会議を開く」はhold a meetingとなります。

"How long do I have to wait?"
「いつまで待たせるのかなー？」

「待つ」はwaitです。wait for...で「～を待つ」となります。We waited for the bus.（バスを待った）のように、人以外のものを待つときにも使うことができます。How long...は、疑問文の頭に付けて「どのくらい（長く）～」という意味になります。How long is your holiday?と言えば「休暇はどれだけ（の時間）あるの？」という意味です。

I'll call her later.
後で電話する。

「後で～する」と言うときの「後で」はlaterを使います。laterを使った決まり文句はたくさんあります。例えば、See you later.(じゃ、またね)、Talk to [catch] you later.(後で話そう)などが代表的です。また、I'll call you later.は「後で電話する」の意味のほかに、アメリカでは単なる別れのあいさつとしても使われます。

We can go there later.　後で行けばいいよ。

The button blinks.
ボタンが点滅する。

「(明かりなどが)ピカピカ点滅する」と表現したいときにはblinkを使います。また「まばたきをする」のもblinkです。例えばThe bright sunlight made me blink.で「日光がまぶしくてまばたきをした」となります。

The light is blinking in the distance.　遠くでライトが点滅している。
The stars are blinking.　星がきらきら輝いている。

The fax is coming (through).
ファクスが流れてくる。

「流れる」という日本語から考えられる英語はflowやrunなどがありますが、ここではファクスがこちら側に届くということなので、comeを使って、「ファクスがくる」と簡単に言います。また「ファクスを受け取る」場合はI'm receiving a fax.と言うこともできます。ちなみに「ファクスを送る」と言いたいときはsend a faxと言います。

I haven't received the fax yet.　まだファクスがきていない。

第4章　Telephone

The fax machine stopped.
ファクスが動かなくなる。

「動かなくなる」ということは「止まる」ということなので、この場合stopを使います。stopは、stop a fight（けんかを止める）のように「〜を止める」という意味として使えるほか、stop talking（話すのをやめる）のように「〜（すること）をやめる」という使い方もあります。

This train doesn't stop at small stations. この電車は小さな駅では止まらない。
Stop chatting. おしゃべりはやめなさい。

The fax machine ran out of paper.
紙切れだ。

run out of...は「〜を切らす、使い果たす」という意味の表現です。例えばI ran out of money.と言えば「私はお金を使い果たした」ということです。この言い回しはよく使われているので覚えておくと大変便利です。

My car has run out of gas. 車のガソリンがなくなってしまった。

The fax is coming through.

第4章
Test Yourself

空欄に適切な語を入れましょう。
2語以上入る場合もあります。
難しいときは「ヒント」を参考にして下さい。

1
A: May I speak to John, please?
ジョンはいますか？
B: I think you have the (　　).
おかけ間違いですよ。

2
A: Did you call him?
彼に電話した？
B: Yes. But the line was (　　).
ええ、でも話し中だったわ。

3
A: Why are you crying?
どうして泣いているの？
B: He (　　) on me. Can you believe it?
彼が一方的に電話を切ったのよ。信じられる？

4
A: I'll (　　) you a fax.
ファクスを送るから。
B: OK. After I get it, I'll tell you my opinion.
分かったわ。受け取ったら、私の意見を伝えますね。

5
A: She doesn't (　　) the phone.
彼女が電話に出ないんだ。
B: Maybe she is out.
たぶん、出かけているんだろ。

6
A: I'm busy right now. Sorry, but I can't talk to you.
今忙しいから、悪いけど話してられないんだ。
B: OK. I'll call you (　　).
分かった。後で電話するよ。

第4章　Telephone

ヒント→ answer, how, busy, on the other line, how long, wrong number, hang up, later, send, blink, try, look for

7
A: This is Tom speaking. Can I talk to Mary?
トムだけど、メアリーをお願いします。
B: Tom! It's me! ( ) are you doing?
トムなの！私よ！元気にしてる？

8
A: ( ) does it take to go there from your house?
あなたの家からそこへ行くのにどれくらいかかるの？
B: About 30 minutes.
だいたい30分くらいだよ。

9
A: Look! Something is ( ) in the sky!
見て！空に何かが光ってる（点滅してる）よ！
B: Calm down. That must be a plane.
落ち着けよ。きっと飛行機だよ。

10
A: I'm ( ) a new job.
私、新しい仕事を探しているの。
B: Good luck!
がんばってね。

11
A: I thought you were talking to her.
あれ、彼女と話していたんじゃないの？
B: Yes. But she had a call ( ).
そうなんだけど、彼女の電話にキャッチホンが入ったんだ。

12
A: I thought I would pass the exam, but I didn't.
私、テストに受かると思っていたのだけど、ダメだったわ。
B: Well, you have one more chance. ( ) again!
もう一度チャンスがあるんだから、またトライしてみなよ。

American Tidbits

留守番電話のメッセージは？

　日本でもアメリカでも留守番電話は当たり前になっていますが、応答メッセージは大きく違います。

　日本で多いのは「はい、○○です。ただいま外出しておりますのでピーッという発信音の後にメッセージをお残し下さい」ですよね。一方、アメリカでは、自分の名前を名乗らないことが多い。そして「今留守にしている」ということを言いません。どちらもセキュリティの問題です。電話をかけてきた相手が知人でなく、強盗とか悪巧みをしている人物だったら、こちらの名前がばれてしまう上に、今家を空けていることが分かってしまうからです。だからこんなメッセージを流します。"I can't come to the phone right now. Please leave a message after the beep." (ただいま電話に出ることができません。発信音の後にメッセージをお残し下さい)。こうすれば単に電話に出られないのか、留守にしているのか分かりませんよね。これがアメリカ流防犯の第一歩です。

答え→ ❶wrong number ❷busy ❸hung up ❹send ❺answer ❻later ❼How ❽How long ❾blinking ❿looking for ⓫on the other line ⓬Try

第5章
Bathroom: Around the Sink

① mirror　鏡	⑦ comb　くし
② faucet　蛇口	⑧ soap　石けん
③ stopper　栓	⑨ basin　洗面台
④ hairbrush　ヘアブラシ	⑩ toothbrush　歯ブラシ
⑤ moisturizer　保湿クリーム	⑪ toothpaste　歯磨き粉
⑥ razor　ひげそり	⑫ towel　タオル

洗顔

I look in the mirror.
鏡を見る。

「鏡を見る」はlook in the mirror。look at the mirrorと言うと鏡そのものを見るという意味になってしまいます。Look at the mirror. You broke it!(鏡を見てみろ。お前が割っただろう)といった具合です。ここでは鏡の中の姿を見るのでin。

Let's look in an encyclopedia. 百科事典をひいてみよう。
Look at this ring. It's platinum. 見てこの指輪、プラチナよ。

I put on a hair band.
ヘアバンドをする。

「〜を身に付ける」という意味の「〜をする」はput on…で表します。衣類からアクセサリー、化粧品類まで幅広く使える便利な表現です。ヘアバンドはそのままhair bandです。またheadbandとも言います。

It's difficult even for the Japanese to put on a kimono. 着物を着るのは日本人でも困難です。

I splash water on my face.
(水で)顔を濡らす。

「〜を濡らす」はwet…が一般的ですが、洗顔には顔にバシャッと水をかける感じなのでsplash water on…です。「髪を濡らす」ならwet my hair、「手を濡らす」ならwet my handsです。また「湿らす」という意味の「濡らす」はmoisten…です。moisten my lipsのように使います。

The car splashed water on her skirt. その車は彼女のスカートに水をはねた。
Don't wet your shoes. 靴を濡らさないようにね。

第5章　Bathroom : Around the Sink

I lather the face soap.
洗顔石けんを泡立てる。

「(石けんを)泡立てる」はlatherを使います。「(石けんが)泡立つ」の意味もあります。名詞では「石けんの泡」を指し、make lather with the face soapのように使います。料理でクリームや卵などを泡立てるのはwhip…。ホイップクリームはwhipped creamです。

The soap lathers very well.　その石けんは泡立ちがとてもいい。
Whip an egg with a whisk.　泡立て器で卵を泡立てて下さい。

I wash my face gently.
やさしく顔を洗う。

「〜を洗う」はwash…ですので「洗顔する」はwash one's faceとなります。「やさしく」はgentlyです。gently cleaning creamといえば、「肌にやさしいクレンジングクリーム」のことです。「化粧を洗い落とす」と言いたいときはwash off my make-upと言いましょう。

I haven't washed my car for more than two months.　2カ月以上、洗車をしていない。

Soap gets into my eyes.
石けんが目に入る。

石けんやごみが目に入ったときはget intoを使って表現しましょう。soapは数えられない名詞なのでa soapとしないようにして下さい。「(固体の)石けん1個」と言いたいときはa cake of soapやa bar of soapです。液体石けん(liquid soap)の場合はa bottle of soapです。

Some dust has got into my eyes.　目にホコリが入った。
I bought two cakes of soap today.　今日、石けんを2個買った。

I wash off the soap.
泡を落とす。

「(洗い)落とす」はwash offです。offはonの反対で、on the floor（床の上に）、on the wall（壁に）など、onが「何かに付いている」イメージなのに対し、offは「何かから離れている」感じです。

I tried in vain to wash off the red ink on my shirt. シャツに付いた赤いインクを洗い落そうとしたが、無駄だった。

I dry my face with a towel.
タオルで顔を拭く。

この「拭く」はdryです。dryは何かから水気を取ることで、必ずしも日本語の「乾かす」のように熱や風などで時間をかけてするものではありません。またwipeも「拭く」ですが、こちらは「テーブルを拭く」「汗を拭く」など汚れや水分などを拭う感じです。

I don't use a dryer when I dry my hair. 髪を乾かすときはドライヤーを使いません。
Wipe your sweat with this towel. このタオルで汗を拭いて。

"That feels better!"
「ああ、さっぱり！」

ほかにThat feels nice.やThat feels great.などとも言えますが、「前の状態と比べてさっぱりした」という意味ではbetterが一番近いニュアンスです。このthatは特に何を指すというものではありませんが、あえて言うなら「顔を洗った後の感触」とでもいったところです。

第5章　Bathroom: Around the Sink

歯磨き

I take the cap off the toothpaste.
歯磨き粉のキャップを開ける。

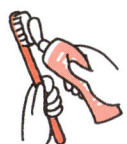

一般的にはopen the toothpasteと言いますが、具体的にキャップを取ると言いたいときはtake…off…を使います。offはこの章の「泡を落とす」で出てきた「何かから離れている」イメージです。反対に「閉める」ときはput…on…です。
I took the purse off my shoulder.　肩からハンドバッグを下ろした。

I put toothpaste on the toothbrush.
歯磨き粉を歯ブラシに出す。

「歯磨き粉のキャップを開ける」の解説で見たput…on…はここでは「付ける」という意味です。putは、その後に続く言葉によって「付ける」「入れる」「置く」など、さまざまな動作を表せる便利な動詞のひとつです。
Put the clock on the wall.　時計を壁にかけて下さい。

"Oops! That's too much."
「あっ、出しすぎた！」

Oops! は何かを落としたり、ちょっとした失敗をしたときに「しまった」という気持ちを表す便利な言葉です。瞬間的な表現で、忘れていたことを思い出したときにも使います。「ウープス」と発音するので注意して下さい。

I **brush** my teeth.
歯を磨く。

「(ブラシで) 磨く」はbrushです。「磨く」に限らず、ブラシを使って何かをするときにbrushが使えるので覚えておくと便利です。デンタルフロスで歯の間を掃除するときはfloss my teethです。clean my teethと言えば、単に歯をきれいにすることを指します。

It's difficult to brush your back teeth with a large toothbrush. (ヘッドの)大きな歯ブラシでは、奥歯は磨きにくい。
I brushed my hair. ブラシで髪をとかした。

I **fill** the cup with water.
コップに水を入れる。

fill...は「～を満たす」という意味です。容器や場所などをいっぱいの状態にすることを表します。ガソリンスタンドでFill it up, please.と言えば「満タンお願いします」ということです。テストでFill in the blanks.とあれば「空欄を埋めよ」という問題です。

His mouth is filled with water. 彼の口に水がいっぱい入っている。
Please fill in the form. 書類に記入して下さい。

I **rinse out** my mouth.
ぶくぶくとすすぐ。

ゆすいだり、すすいだりするのはrinse out...です。汚れた容器も、洗濯物もrinseします。液体歯磨きでゆすぐときはrinse out my mouth with mouthwashです。ちなみに「うがいをする」はgargleと言います。ひびきが「ガラガラとうがいする」感じを与えるので覚えやすいですね。

I washed the dishes in a bowl of soapy water, and then rinsed them out. 石けん水の入った容器の中で食器を洗い、その後すすいだ。
I sometimes gargle with salt water. ときどき塩水でうがいをする。

第5章 Bathroom: Around the Sink

I **check** my teeth in the mirror.
鏡で歯を**チェックする**。

「〜をチェックする」は文字どおりcheck...です。check my teeth in the mirrorは歯磨きの後だけでなく、食事の後で歯に何か付いていないかを見るようなときにも使えます。

She checked her hair in a mirror before she went out. 彼女は出かける前に鏡で髪形をチェックした。

I brush my teeth.

第5章
Test Yourself

空欄に適切な語を入れましょう。
2語以上入る場合もあります。
難しいときは「ヒント」を参考にして下さい。

1
A: Oh no! Something has (　　) my coffee!
あっ！コーヒーの中に何か入った！
B: Let me see. Oh, It's a fly.
見せて。ああハエだよ。

2
A: Why did you have your head shaved?
どうして頭剃っちゃったの？
B: So that I don't have to (　　) my hair.
髪の毛をとかさなくていいからさ。

3
A: Could you (　　) this bucket with water?
このバケツに水をくんでくれる？
B: No problem.
いいよ。

4
A: You have mud on your pants. What happened?
ズボンに泥がついてるじゃない。どうしたの？
B: A motorcycle (　　) it on me.
バイクに泥をはねられたんだ。

5
A: Mom, how long should I (　　) the laundry?
ねえ、お母さん。すすぎはどれだけすればいいの？
B: Don't worry. It's automatic.
気にしないで。全自動だから。

6
A: Let's (　　) all these ornaments (　　) the Christmas tree.
さあ、ツリーの飾りを全部外しましょう。
B: Why don't we leave them on until next year?
来年までそのままにしておこうよ。

第5章　Bathroom: Around the Sink

> **ヒント➡** look in, splash, lather, get into, wash off, dry, take…off…, put…on…, brush, fill, rinse (out), oops

7
A: Did you catch a cold?　風邪をひいたの？
B: Yeah, I had no time to (　　) my hair after taking a shower last night.
ええ、シャワーを浴びた後、髪を乾かす時間がなかったのよ。

8
A: This liquid soap doesn't (　　) well.
この液体石けん、泡立ちが悪いわね。
B: Hey! That's baby lotion!
おい、それはベビーローションだよ。

9
A: So, you think somebody stole your MP3 player?
じゃ、君は誰かがMP3プレーヤーを盗んだと言うのかい？
B: Absolutely. I'm sure I (　　) it (　　) the desk.
そうだよ。デスクの上にちゃんと置いたんだから。

10
A: (　　)! I pressed the record button by mistake!
あ！間違えて録音ボタン押しちゃった！
B: What?! Stop it right away!
何だって？！　すぐに止めて！

11
A: Did you (　　) the dictionary?
辞書はひいたの？
B: Yes, but I still don't know what "apsidiole" is.
ああ。それでも結局apsidioleが何なのか分からないんだ。

12
A: Can I eat my cake now?
ケーキを食べていいでしょ？
B: You have to (　　) the soap completely.
ちゃんと石けんの泡を落としなさい。

American Tidbits

一家にひとつ first aid cream

　アメリカの家では洗面台とお風呂場とトイレが、だいたいひとつのスペースに収められていて、それをまとめてBathroomと呼んでいます。もちろん、それぞれの役割は日本のものと変わりませんが、細かなところの違いは発見できます。

　まずアメリカの洗面台にあって日本のそれにないものがmedicine cabinet。アメリカの洗面台は、鏡が扉になっていて開くと裏側が薬を収納するスペースになっています。擦り傷に塗る薬や風邪薬、鎮痛剤、胃腸薬、バンドエイドなどいろいろなものが入っています。日本の薬箱に近い存在ですね。日本ではあまり知られていませんが、first aid creamという薬もmedicine cabinetには欠かせません。白または透明の塗り薬で切り傷、擦り傷など、まずはこれを塗ってからバンドエイドを貼る。一家にひとつは必ずある国民的愛用薬です。それから、アメリカでは歯磨きのときに使い捨ての小さな紙コップを使う家庭が多いのでmedicine cabinetに取り付けたり、ディスペンサーごとスーパーで買ってきて洗面台の端のスペースに置いています。色も柄もバラエティに富んでいて洗面台のちょっとしたアクセントです。

答え→❶got into ❷brush ❸fill ❹splashed ❺rinse (out) ❻take…off… ❼dry ❽lather ❾put…on… ❿Oops ⓫look in ⓬wash off

第6章
Bathroom:
Toilet Area

① toilet lid　便器のふた
② toilet bowl　便器
③ toilet seat　便座
④ handle　レバー
⑤ toilet slippers
　トイレスリッパ
⑥ vent　換気扇
⑦ spare rolls　予備
⑧ deodorizer　消臭剤
⑨ air freshener　芳香剤
⑩ toilet paper
　トイレットペーパー
⑪ toilet brush
　便器ブラシ
⑫ toilet cleaner
　トイレ用洗剤

朝の
ひととき

I **knock on** the door.
ドアを**ノックする**。

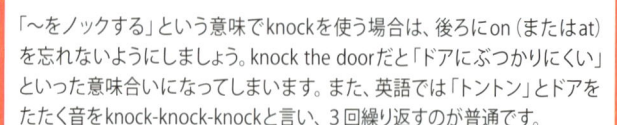

「〜をノックする」という意味でknockを使う場合は、後ろにon（またはat）を忘れないようにしましょう。knock the doorだと「ドアにぶつかりにくい」といった意味合いになってしまいます。また、英語では「トントン」とドアをたたく音をknock-knock-knockと言い、3回繰り返すのが普通です。

I knocked on the door three times, but there was no answer. 3回ノックしたが、返事がなかった。
He knocked me on the head. 彼は僕の頭をたたいた。

I **go inside**.
中に入る。

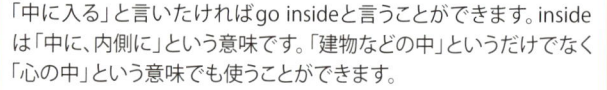

「中に入る」と言いたければgo insideと言うことができます。insideは「中に、内側に」という意味です。「建物などの中」というだけでなく「心の中」という意味でも使うことができます。

I went inside the building. 私はその建物の中に入った。
I feel lonely inside. 私は心の中ではさみしいと感じている。

I **lock** the door.
鍵をかける。

「〜に鍵をかける」はlock…です。lockの反対はunlockです。unlock the doorで「ドアの鍵を外す」という意味になります。2章で「（ドアの）チェーンを外す」がunchain the doorだと覚えましたね。これとセットで覚えておくと分かりやすいでしょう。

Did you lock the car? 車をロックした？
The man unlocked the door with a duplicate key. その男は合鍵でドアを開けた。

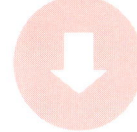

第6章　Bathroom : **Toilet Area**

I **loosen** my belt.
ベルトをゆるめる。

「〜をゆるめる」はloosen...です。ベルトや結び目などを「ゆるくする」と言いたいときに使えます。これは「ゆるい」という意味でlooseという単語からきています。この反対語はtighten（きつくする）で、これも「きつい」を意味するtightからきています。

He loosened his tie.　彼はネクタイをゆるめた。
Tighten your seatbelt.　シートベルトをもっときつく締めなさい。

I **let** my pants **down**.
ズボンを下ろす。

「〜を下ろす」はlet...downと言います。letには「〜させる」という意味があり、ここではdownさせる、つまり「下ろす」となります。同じ「下ろす」をpull downと言うこともできます。let downが「スルスル下ろす」という感じであるのに対して、pull downは「引っ張り下ろす」感じです。

Let the blind down.　ブラインドを下ろしてください。

I **sit on** the toilet seat.
トイレに座る。

「〜に座る」はsit on...です。同じ「座る」でも、「座らせる」という意味のseatを使って表現することもあります。例えばSeat yourself.と言えば「あなた自身を座らせて」、つまり「座って」ということです。Be seated.と言っても同じ意味です。

We sat on the bench.　私たちはベンチに座った。
We seated ourselves on the bench.　私たちはベンチに座った。

I do my business.
用を足す。

日本語の「用を足す」にあたるのはdo my businessです。ここでのbusinessはちょうど日本語の「用」にあたります。この表現は単に「用事をする」という意味でも使えます。businessにはこのように、「仕事」のほかにも「用事」という意味があるので、覚えておくと便利です。

What is your business?　何のご用ですか?
It's not your business.　君には関係ないよ。(慣用表現)

I turn the handle.
レバーを回す。

「〜を回す」はturn...を使います。ドアのハンドルやトイレのレバー、窓のレバーなどは英語でhandleと言います。ただし、クルマのハンドルはsteering wheelと言います。

He turned the key in the lock.　彼は錠に差し込んだ鍵を回した。

I do my business.

It smells.
におう。

「におう」という英語はsmellです。この場合のように、単にsmellだけで使うと「嫌なにおいがする」という意味になります。「いいにおいがする」と言う場合は、smellの後にgoodなどを付けて補う必要があります。

This mitt smells. このグローブは臭い。
The rose smells sweet. そのバラはいいにおいがする。

I spray the deodorizer.
消臭剤をスプレーする。

「〜をスプレーする」や「〜にスプレーする」と言うときは、そのままspray...という単語を使います。日本語で言う「スプレー」はここからきています。殺虫剤 (insecticide)、香水 (perfume) など、霧状にして吹き付けるものは何でもsprayします。

I sprayed the cockroach. ゴキブリに殺虫剤を吹きかけた。
He sprayed paint on the wall. 彼は壁にペンキを吹き付けた。

The toilet paper has run out.
トイレットペーパーが切れる。

「〜が切れる、なくなる」はrun outを使いましょう。物がなくなったり、お金や時間がなくなったという場合に使えます。またトイレットペーパーが「なくなりかけている」ときにはThe toilet paper is running short.と言うこともできます。

The food has run out. 食べ物が底をついた。
Their food was running short. 彼らの食糧は尽きかけていた。

I throw away the used-up roll.
トイレットペーパーの芯を捨てる。

「~を捨てる」というのはthrow away...です。throwは「投げる」という意味の動詞で、awayは「向こうの方に」という感じです。文字どおり「投げ捨てる」という意味でも使えますし、不用品などを「捨てる」というようにも使えます。

I threw away my old books. 私は古本を捨てた。
He threw away the paper. 彼は紙を投げ捨てた。

I put on a new roll.
新しいロールに換える。

日本語では「換える」となっていますが、「(新しい物を)付ける」ということで、put on...で表現します。また「~を新しい物に取り換える」という意味のreplace...という単語もありますが、これは普通「古くなった物」や「壊れた物」など取り換えることを意味するので、トイレットペーパーが濡れてしまったときはreplace the toilet paperと言えばよいでしょう。

Please put on the light bulb. 電球を取り換えて下さい。

I lift the seat.
便座を上げる。

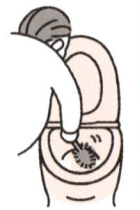

「(便座を)上げる」と言うときはlift...で表現します。lift...は「~を手に取って持ち上げる」という意味です。同じ「上げる」でraise...という動詞もありますが、これにはliftのように「持ち上げる」という意味ではなく、「手を上げる」「(会釈のために)帽子を上げる(取る)」「(ひもを使って)旗を揚げる」など、単に何かを上方に動かすときに使われるので、ここは不自然です。

I lifted the basket up to the shelf. かごを持ち上げて棚に乗せた。
He raised his hand. 彼は手を上げた。

第6章　Bathroom : **Toilet Area**

I **sprinkle** toilet cleaner.
洗剤を振りかける。

「〜を振りかける」と言うにはsprinkle…を使います。sprinkleは「液体や粉末などを何かに振りかける、まきちらしたりする」動作を表します。芝生などに水をまくスプリンクラーはこのsprinkleからきています。

I sprinkled water on the grass.　芝生に水をまいた。

I **scrub** the toilet bowl with a brush.
ブラシでトイレをゴシゴシこする。

何かを「ゴシゴシこする」と言うのはscrub…と言います。「スクラブ洗顔フォーム」などと言ったりしますが、これはそのscrubです。細かい粒子で、こするように洗うからです。ちなみに、あのシンデレラが意地悪な姉たちに言いつけられたのはScrub the floor!です。

I scrubbed the floor with soap.　私は床を石けんでゴシゴシ磨いた。

I **flush** the toilet.
水を流す。

「トイレの水を流す」と言うときはflush…を使います。flush the toiletはひとつの決まり文句として覚えておきましょう。flushには「水をどっと流す」「洗い流す」などの意味があります。ちなみに水で流すトイレ、つまり水洗トイレのことはflush toiletと言います。「水が流れない」ときはThe toilet won't flush.です。

I flushed the dirt away.　汚れを水で洗い流した。

第6章
Test Yourself

空欄に適切な語を入れましょう。
難しいときは「ヒント」を参考にして下さい。

1
A: Don't forget to (　　) the door.
鍵をかけるのを忘れないでね。
B: Yes, mom.
はい、お母さん。

2
A: Can you give me a cigarette?
タバコ1本もらえる?
B: Sorry, I've (　　) out.
悪い、もうないんだ。

3
A: I told you to (　　) before you enter my room.
私の部屋に入る前にノックしてって言ったでしょ。
B: Oh, I'm sorry.
あら、ごめんなさい。

4
A: The toilet won't (　　).
トイレが流れないよ。
B: Why don't you try again?
もう1度流してみたら?

5
A: Don't (　　) your belt.
ベルトをゆるめちゃだめ。
B: Why not? I want to relax at home.
どうしてだめなの?家ではくつろぎたいんだ。

6
A: How can I open the door, mom?
どうやってドアを開けるの、お母さん?
B: (　　) the doorknob.
ノブを回すのよ。

第6章　Bathroom : Toilet Area

ヒント➡ flush, turn, scrub, loosen, throw, business, lift, knock, run, sprinkle, lock, smell

7
A: It ( ) good.
いい匂いがするね。
B: The pizza is ready. Let's have some!
ピザができたわよ、食べましょう!

8
A: Don't ( ) the floor too hard. You'll damage it.
あんまり床を強くこすっちゃだめ。傷がつくわ。
B: I don't care.
かまわないよ。

9
A: I think you should ( ) away some of your books.
本を何冊か捨てた方がいいんじゃない。
B: But I don't want to.
でも捨てたくないのよ。

10
A: Will you ( ) up the chair for a moment? I dropped some coins under it.
ちょっとイスを持ち上げててくれる?下に小銭を落としたの。
B: Sure. いいよ。

11
A: Did you ( ) Parmesan cheese on the spaghetti?
スパゲティにパルメザンチーズをふった?
B: No, where is it?
ううん、どこにあるの。

12
A: I have some ( ) with Mike.
マイクに用があるんです。
B: He is out now.
彼は今出かけてます。

69

American Tidbits

ハイテク技術は
こんなところでも……

　日本人はティッシュペーパーの箱にカバーをしたり、ドアノブにもカバーをしたり細かいところに飾りをします。トイレットペーパーホルダーにもカバーをかけるには感心します。しかも予備の物が入れられてすぐに取れるようになっているのは、すごいアイデア、しかも汚れなくていい。

　一方日本のトイレでびっくりするのが、暖かくなる暖房便座と水が飛び出す温水洗浄便座（ウォシュレットなど）。初めて日本に来て、これに遭遇したアメリカ人はみんな驚くはず。タオル地の便座カバーはアメリカでも見かけますが、便座そのものがwarm upされるものはない。慣れてしまえば温かい便座はなれるけど、水が飛び出すのは……。

　しかし、トイレで至れり尽くせりのハイテク技術はさすが日本！ですね。

答え→ 1 lock　2 run　3 knock　4 flush　5 loosen　6 Turn　7 smells　8 scrub　9 throw　10 lift　11 sprinkle　12 business

第7章 Bathroom: Bath

① conditioner　リンス
② shampoo　シャンプー
③ bath salts　入浴剤
④ shower cap　シャワーキャップ
⑤ shower head　シャワーヘッド
⑥ shower hose　シャワーホース
⑦ faucet　蛇口
⑧ bathtub　浴槽
⑨ washcloth　体を洗うタオル
⑩ soap　石けん
⑪ soapdish　石けん箱
⑫ drain　排水溝
⑬ bathroom scale　体重計

入浴

I take off my clothes.
服を脱ぐ。

服、靴、アクセサリー、眼鏡などを「脱ぐ、外す」と言うときにはtake off…を使います。例えばtake off my coat（コートを脱ぐ）、take off my glasses（眼鏡を外す）などのように使えます。takeの過去形はtookですので、注意して下さい。

I took off my dirty shirt. 汚れたシャツを脱いだ。

I weigh myself.
体重を量る。

「体重を量る」と言いたいときはweigh oneselfを使います。体重計はbathroom scaleと言い、「体重計で」は、体重計の上に乗って量るのでon the scaleとなります。またweighは「〜の重さを量る」という意味なので、体重だけでなく砂糖、塩など、何の重さを量るときにも使うことができます。

He weighed the baggage. 彼は荷物を量りにかけた。

"Oh no! I've gained weight."
「ええー!! 体重が増えている」

weightは、先ほどのweigh（重さを量る）の名詞で、「重量」や「体重」を意味します。「体重が増える」と言うときは、日本語のように「体重が」とは言わず、人を主語にしてI've gained weight.のように言います。put on weightも同じ意味です。逆に「体重が減る」と言いたいときはlose weightです。また、何キロ太ったということを言いたい場合には、I gained three kilograms.（私は3キロ太った）と言います。

第7章　Bathroom : **Bath**

I **get off** the scale.
体重計から降りる。

「何かから降りる、ある場所から離れる」というような場合にはget offを使いましょう。この表現は、電車やバスや自転車のような乗り物から降りる場合にも使われます。また「その日の全部の授業が終了する」や「仕事がひける」というようなことも、学校や仕事場から離れるという発想で、get off school、get off workと言うことができます。

I will get off at the next bus stop.　私は次のバス停で降りる。
What time can you get off work?　仕事がひけるのは何時ですか？

I **turn on** the hot water.
お湯を出す。

「お湯を出す」ということは、蛇口をひねってお湯を出すことなのでturn onを使います。「蛇口をひねる」と言いたい場合は、turn on the faucetです。ちなみに「お湯」はhot water、つまり熱い（温い）水という表現をします。

I turned on the shower.　私はシャワーを出した。

Oh no!
I've gained weight.

I see how hot the water is.
湯加減をみる。

「湯加減をみる」の「みる」はseeを使います。seeには「見える」という意味のほかに、「〜かどうか確かめる」「どのくらい〜かみる」という意味もあります。how hot the water isは「水がどのくらい熱いか」という意味です。

I'll go and see if the car is locked. 車をロックしたかどうか見てくる。
Nobody knows how high the sky is. 空の高さは誰にも分からない。

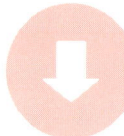

"That's too hot!"
「熱い！」

ここでいう「熱い！」は、「熱すぎる」ということです。このように「あまりにも〜すぎる」と表現したいときにはtoo...を使います。例えば、This question is too easy for you.と言えば「この問題は君には簡単すぎる」という意味です。また口語ではToo hot!などのように、主語と動詞を省いて言うこともあります。

I add some cold water.
水でうめる。

「水でうめる」ということは「(お湯に) 水を加える」ということなので、「〜を加える」という意味のaddを使って表現します。また水はwaterだけでもかまいませんが、hot water (お湯) と対比する意味で、cold waterとする方がより明確です。

Can you add some more milk? もう少しミルクを加えてくれる？

第7章　Bathroom：**Bath**

The bath is ready.
お風呂の準備ができた。

お風呂に入る準備が整ったということなので、readyを使って表します。readyは「用意ができる、準備ができる」という意味です。ちなみに「お風呂が沸く」と日本語では言いますが、「沸く」という意味のboilは「沸騰する」ことなので、お風呂が沸いたことを言うときには使いません。

Dinner is ready.　晩ご飯の用意ができたわよ。
The water has boiled.　お湯が沸いた（沸騰した）。

I put in some bath salts.
入浴剤を入れる。

「〜を入れる」と言いたいときはput in…を使います。入浴剤のことはbath saltsと言います。また「入浴剤を浴槽の中に入れる」のように、どこに入れるのかを言いたいときには、put some bath salts into the bathtubと言うことができます。put A into Bのパターンも覚えておきましょう。

I put in salt instead of sugar.　私は砂糖の代わりに塩を入れてしまった。
He put some coins into the vending machine.　彼は自動販売機にコインを入れた。

I step into the bathtub.
浴槽に入ろうとする。

「足を踏み入れる」という動作にはstepを使います。into…は「〜の中へ」という意味で、方向を示す場合に使われます。また、新しい世界に入っていく（新たな経験をする）ときなどにもstep into…が使えます。

Don't step into that room.　あの部屋に入ってはいけない。
Let's step into the world of science!　科学の世界を体験しよう！

I hit my leg against the edge of the bathtub.
浴槽のふちに足をぶつける。

「足をぶつける」はhit my legです。against...は「～に対して、～に反対して」といった意味です。ここではagainstの代わりにonを使ってもかまいません。また「ふち」や「端」を表す単語はedgeです。

She hit her car against a wall.　彼女は塀に車をぶつけた。
I'm against your opinion.　私はあなたの言うことに反対します。

That hurts.
痛む。

「痛む」はhurtを使って表現します。例えば、My arm hurts.（腕が痛い）のように使います。hurtは過去形も変化せずにhurtのままなので「痛かった」と言いたい場合にはThat hurt.となります。また、心情的な場合の「傷つく」という意味でも使われます。

My leg still hurts.　足がまだ痛む。
Her words hurt his feeling.　彼女の言葉が彼を傷つけた。

I soak in the bathtub.
お湯につかる。

「（水やお湯に）つかる」と言いたい場合にはsoakを使いましょう。「つける、浸す」という意味でも使えます。また「お湯につかる」は浴槽の中に座るということなので「座る」という意味のsitを使ってsit in the bathtubと言うこともできます。

Soak up to your shoulder.　肩までつかりなさい。
She soaked the clothes in water.　彼女は衣服を水につけた。

第7章　Bathroom : **Bath**

I **stretch** my legs.
両足を伸ばす。

「(手足などを) 伸ばす、広げる」という場合にはstretch...を使います。また、stretch (myself) で「体を思いっきり伸ばす、伸びをする」という意味になります。stretchは体だけでなく生地やゴムが「伸びる」という意味でも使われます。「セーターが伸びた」と言いたいときは、The sweater has stretched.と言えます。

I stretched myself on the bed.　私はベッドで思いっきり体を伸ばした。
Rubber easily stretches.　ゴムは簡単に伸びる。

I **sing** a song.
歌を歌う。

単に「歌を歌う」と言いたいときにはsingを使います。「子守歌を歌う」のように特定の何かを歌うというときにはsing a lullabyなどとsingの後に付けます。singの過去形はsangなので注意しましょう。また「鼻歌を歌う」ときはhum (a song) という動詞も使えます。

She sings very well.　彼女は歌を歌うのがとっても上手だ。
He was humming in the bath.　彼はお風呂で鼻歌を歌っていた。

I sing a song.

入浴

My voice echoes.
声が響く。

お風呂の中の声や山でのこだまなど、「(音が) 響く、反響する」ことを表す単語はechoです。また、同じ音が繰り返されることから発展して、echoには「人の言葉などを繰り返す、真似をする」という意味もあります。

The thunder echoes over the mountain. 雷の音が山にこだました。
She echoes him in everything. 彼女はいつも彼の意見を受け売りする。

I wet my hair.
髪を濡らす。

「〜を濡らす」と言いたいときにはwet...を使います。wetは形容詞で「濡れている」という意味なので、get my hair wetと言うこともできます。ちなみに、wet the bedはベッドを濡らす、つまり「おねしょをする」という意味です。これと同じ意味でwet oneselfという表現もあるので、お風呂に入って体を濡らすというときに、誤ってwet myselfと言わないように気をつけましょう!

I wet my hair with water. 私は髪を水で濡らした。

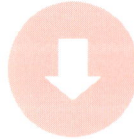

I squeeze the shampoo out of the bottle.
シャンプーをボトルから出す。

シャンプーなどボトルを押して出す、または握ったり、手でぎゅっと絞るなどの動作はsqueezeです。また、ポンプを押して中身を出すときはpump the shampoo outなどと言います。

I squeezed her hand. 私は彼女の手をぎゅっと握りしめた。
She squeezes a lemon. 彼女はレモンを絞った。

第7章　Bathroom：**Bath**

I **put** it in my hair.
髪全体につける。

「〜をつける」には、put...が一般的で便利です。髪全体につけるというときの「〜に」をonと迷うかもしれませんが、onにしてしまうと表面上の髪にしかシャンプーがいきわたらないことになります。下に隠れている髪の毛全体につけるので、「中に」という意味のinを使います。

I read it in a book.　私はそれを本で読んで知っていた。
I put it on a book.　私はそれを本の上に置いた。

I **shampoo** my hair.
髪を洗う。

shampooはこのように動詞としても使えます。「髪を洗う」をwash my hairとも言います。また「地肌をマッサージする」と言う場合はmassage the scalp、単に「〜をマッサージする」と言うときはそのままmassage...です。

I shampoo my dog.　犬を洗ってあげた。
I massaged my shoulder.　自分の肩を揉んだ。

I **soap down** the towel.
タオルを石けんで泡立てる。

「〜を石けんで泡立てる」は、soap down...を使います。soap up...でも同じ意味になります。人の体や犬やクルマなどを洗うときに「泡立てる」という意味で使える表現です。

入浴

I wash myself.
体を洗う。

「〜を洗う」と言うときは、一般的にwashが用いられます。「体全体を洗う」と言うときはwash myselfです。手など「(特定の部分を) 洗う」と言う場合にはwash my handsなどと言います。

Did you wash the back of your ears? 耳の後ろもちゃんと洗った？

I rinse the soap off my body.
泡を洗い流す。

石けんなどの泡を「洗い流す」というような場合には、rinse off...を使いましょう。rinse A off Bで「AをBから洗い流す」という意味になります。ちなみに、髪につけるリンスは英語ではconditionerと言うのが一般的です。

I rinsed the dirt off. 汚れを洗い流した。
I use conditioner everyday. 私は毎日リンスします。

I wash myself.

I take a bath towel.
バスタオルを取る。

「〜を手に取る」と言うときはtake...が一般的に使われます。また、take a bath towelの代わりにpick up a bath towelとしてもかまいません。食卓で「しょうゆを取って」などとよく言いますが、こちらの「取る」は、相手に対して「流して」という意味なので、takeではなくPass me the soy sauce.と言います。

I took an orange.　私はオレンジをひとつ取った。
Pass me the salt please.　ちょっと、塩を取ってくれる?

I dry myself off with the towel.
タオルで水気を取る。

ここではタオルで水気をとって体を乾かすということなので、「〜を乾かす」という意味のdry...を使います。dry myself offは決まり文句です。dryだけでも乾かすことになりますが、offが付くことによって水分がすっかりなくなることを強調しています。

He dried his hands on a towel.　彼はタオルで手を拭いた。

I go out of the bathroom.
浴室から出る。

「ある場所から外に出る」と表現したい場合には、go out of...を使いましょう。goは「(ある場所から離れて) 行く」という意味があります。日常よく使うものに「〜へ行く」という意味のgo to...があります。また、goの過去形はwentとなるので注意しましょう。

He went out of the room.　彼は部屋を出ていった。

第7章
Test Yourself

空欄に適切な語を入れましょう。
2語以上入る場合もあります。
難しいときは「ヒント」を参考にして下さい。

1
A: Let's go to karaoke!
カラオケに行こうよ!
B: I'm not in the mood to (　　　) tonight.
今夜は歌を歌う気分じゃないんだ。

2
A: Are you (　　　)? We have to leave now.
準備できた?もう行かないと。
B: Can you wait five more minutes?
あと5分待てる?

3
A: How much do you (　　　)?
体重何キロだんだい?
B: Don't ask me.
聞かないで。

4
A: I'm all (　　　) because my umbrella broke.
傘が壊れたのでずぶ濡れになっちゃった。
B: Take a hot shower before you catch a cold.
風邪をひく前にシャワーを浴びなさい。

5
A: It's 10 o'clock already! Can you (　　　) the hot water in the bath?
もう10時だわ!お風呂のお湯を出してくれる?
B: I'll just take a shower. 僕はシャワーを浴びるよ。

6
A: Can you (　　　) the book from the bookshelf?
本棚から本をとってくれる?
B: Sure.
いいよ。

郵便はがき

料金受取人払

杉並支店承認

3075

差出有効期間
平成27年1月
31日まで

1 6 6 - 8 7 9 0

東京都杉並区
　高円寺北2-29-14-705

Jリサーチ出版

「愛読者カード係」行

自宅住所 電話番号	〒　　　　電話(　　　)		
フリガナ 氏　　名			
メールアドレス			
ご 職 業 または 学 校 名		男・女	年齢
ご 購 入 書 店 名			

※本カードにご記入いただいた個人情報は小社の商品情報のご案内
　を送付する目的にのみ使用いたします。

本書の書名をご記入ください

[　　　　　　　　　　　　　　　　　　　　　　　　　]

Q この本をお買いになった動機についてお書きください。

Q 本書についてご感想またはとりあげてほしい内容についてお書きください。

Q 本書をご購入されたきっかけは何ですか。
1.書店で見て　　　　　　2.新聞広告　　　　　　3.雑誌広告
4.書評・紹介記事　　　　5.小社ホームページ
6.電子メールサービス　　7.その他インターネット(　　　　　　　　　)
8.図書目録　　　　　　　9.知人の勧め　　　10.先生の指定教材として
11.その他(　　　　　　　　　　　　　　　　　　　　　　　　)

ご協力ありがとうございました。

● 小社新刊案内（無料）を希望する。　　□郵送希望　□メール希望　□希望しない
● お客様のご意見・ご感想を新聞・雑誌広告・小社ホームページ等で掲載してもよい。
　　　　　　　　　　　　　　　　□実名で　　□匿名（性別・年齢のみ）で

http://www.jresearch.co.jp

第7章　Bathroom : Bath

ヒント➡ take, turn on, weigh, go, hit, ready, get off, take off, sing, stretch, wet, wash

---

7

A: It's getting warm.
暖かくなってきたわね。

B: Yes, it is. I should ( ) my coat.
そうね。コートを脱いだ方がよさそうね。

8

A: What happened to your car?
クルマどうしたの？

B: I ( ) it against the wall.
その塀にぶつけちゃったんだ。

9

A: Why did she ( ) out? She looked angry.
どうして彼女は出ていったんだい？怒ってたみたいだけど。

B: I don't know. I just told her that I like girls like her sister.
分からない。ただ「君のお姉さんみたいな人がタイプだ」って言っただけだよ。

10

A: I can't reach the book. It's on the top shelf.
その本に手が届かないよ。一番上の棚にあるんだ。

B: Why don't you ( ) your arm a little bit more?
もう少し腕を伸ばしたら届くわよ。

11

A: What time do you ( ) work tomorrow?
明日は何時に仕事が終わるの？

B: At four.
4時だよ。

12

A: I'll ( ) the dishes.
私がお皿を洗うわ。

B: Thank you.
ありがとう。

American Tidbits

日本にあってアメリカにない、優れたお風呂グッズは？

　日本とアメリカではお風呂の作りが違うから入り方も、お風呂にあるモノもずいぶん違います。日本のお風呂は家族が続けて同じお湯に入りますね。だから冷めないように「お風呂のフタ」があるし、浴槽の外で体を洗うから「お風呂用のイス」があったりします。アメリカでは各自がお湯を溜め、好みでバブルバスを入れて泡をたてたり、入浴剤で香りをつけたりします。その中で体を洗って最後は栓を抜いてシャワーで汚れを落としてお風呂から上がります。体を洗うときは、腕をぐっと伸ばして四角いタオルでこするか、柄のついたブラシでごしごし洗う。日本の細長いナイロンタオルはアメリカにはありません。アレは優れモノ!!　アメリカ人へのお土産にしたらきっと喜ばれるかも(!?)。

　余談ですが、日本では子供が風邪をひいて熱を出したらなるべくお風呂に入らないようにして温かくしますけれど、アメリカでは一気に熱を下げるために水風呂に入れられることもあります。温かいお風呂でも冷たいお風呂でも風が治るのに結局は2、3日かかるのには変わりはないけれど、考え方がまったく逆ですね。

答え→❶sing ❷ready ❸weigh ❹wet ❺turn on ❻take ❼take off ❽hit ❾go ❿stretch ⓫get off ⓬wash

第8章
Laundry

① washing machine　洗濯機
② detergent　洗濯洗剤
③ fabric softner　柔軟剤
④ bleach　漂白剤
⑤ stain remover　染み抜き
⑥ starch　のり
⑦ static cling remover
　静電気防止剤
⑧ dryer　乾燥機
⑨ timer　タイマー
⑩ spin　脱水
⑪ rinse　すすぎ
⑫ dirty clothes　洗濯物

洗濯

"It's a beautiful day!"
「今日はいい天気！」

It's a fine day!やWhat a nice day!とも言えます。後者の場合は天気に限らず、「何ていい日なんでしょう」という意味で広く使えます。「曇っている」はIt's cloudy.やThe sky is overcast.。「曇ってきた」はIt's getting cloudy.、「雨が降っている」はIt's raining.、「雨が降りそう」はIt looks like rain.です。「洗濯日和だ」はIt's a good day for washing.などと言えます。

"I think I'll do the laundry."
「洗濯をしよう」

「〜をしよう」はI think I'll…やI'm going to…。例えば「シャワーでも浴びよう」と言うときはI think I'll take a shower.です。人に声をかけて言うときはLet's…です。「洗濯をする」は見出し語のdo the laundryのほかに、do the washing、wash the clothesなどとも言えます。

I sort the laundry.
洗濯物を分ける。

洗濯物を色や生地によって「分ける」と言うときはsortです。classifyも「分ける」ですが、こちらは主に動植物や本などに使われるもので、「分類する」という日本語に近いと考えて下さい。「分離する」ときの「分ける」はseparateです。「卵と黄身と白身を分ける」はseparate the yolk from whiteです。

Sort these files according to type. ファイルを種類ごとに分けておく。
Whales are classified as mammals. クジラは哺乳類だ。

第8章　Laundry

I put delicate clothes in laundry nets.
柔らかい洋服を洗濯ネットに入れる。

「AをBに入れる」はput A in Bです。「洗濯ネット」はlaundry net。洗濯ネットを使わないと、The clothes became tangled up.（洗濯物が絡んだ）といった状態になっています。

You should put whites in the same wash.　白い物は一緒に洗った方がよい。

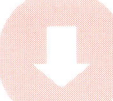

I put the laundry in the washing machine.
洗濯物を洗濯機に入れる。

これも先ほどと同じくput A in Bのパターンです。ちなみに欧米や日本では全自動洗濯機（automatic washing machine）が一般的になりましたし、乾燥機（dryer）付きのものも普及してきました。2曹式（twin tub wringer washing machine）は今ではほとんど見かけません。

I think I'll do the laundry.

I **press** the start button.
開始ボタンを押す。

「〜を押す」はpress...で、普通は指で押す動作を表します。例えばコンピュータのキーボードの操作はPress the space key.（スペースキーを押して）などと言えます。push...はもっと広い意味で、人や物を押す場合に使えます。

Press the F4 key and you can repeat the same operation. F4キーを押すと同じ操作でも何度もできるよ。
Don't push! 押さないで！

I wait for the machine to **fill with** water.
水が溜まるのを待つ。

fillは容器などの空間がいっぱいになることを指します。fill with...で「〜でいっぱいになる」です。fillと関連した単語でfullがあります。これは形容詞で「（容器などが）いっぱいの、ぎっしり詰まった」という意味です。

The pizza filled his stomach. ピザを食べてお腹がいっぱいになった。

I **measure** the detergent with a measuring cup.
洗剤を軽量スプーンで計る。

「〜を計る」はmeasure...がもっとも幅広く使えます。長さ（length）や大きさ（size）、量（amount）など何でもmeasureできます。ただし、重さを量る場合はweighです。「魚の重さを量る」はweigh the fishです。

I measured the length of the fishing rod. その釣竿の長さを計った。
I weighed myself after I took a shower. シャワーの後、体重を量った。

第8章　Laundry

I **add** the detergent.
洗剤を入れる。

「〜を入れる」はこれまでputを使ってきましたが、ここでは水に洗剤を「加える、足す」意味のaddが慣用的な動詞です。粉末洗剤だけでなく液体洗剤や柔軟剤もaddします。スープにコショウを足すときはadd some pepperです。

Seven added to four makes eleven. (=Four plus seven is eleven.)
$4 + 7 = 11$

I **close** the machine.
ふたをする。

「〜を閉める」はclose...です。ふたはlidですので、より詳しく言うとclose the lid of the washing machineとなります。箱のふたであればput the lid on the boxとも言えます。close...の反対はopen...です。
I can't close the suitcase! I packed too many things in it.　スーツケースが閉まらない！詰め込みすぎた。
I opened the washing machine.　洗濯機のふたを開けた。

I add the detergent.

洗濯物を乾かす

I take the laundry out of the machine.
洗濯物を取り出す。

「洗濯物を洗濯機に入れる」はput the laundry in the washing machineでした。反対に取り出すときはtake...out of...です。からまった物をほどくときはuntangle the clothesと言います。

Take the clothes out of the net.　洗濯物をネットから出して。
The clothes can't be untangled.　からまった洗濯物はほどけない。

The shirt shrank...
シャツが縮んでしまった。

「縮む」はshrinkです。過去形はshrankですのでThe shirt shrank.と表現します。色落ちしてしまったときはfadedです。「色あせる」という意味の動詞です。色移りしたときは、The color of the T-shirt was absorbed by the towel.（Tシャツの色がタオルに色移りした）と言いましょう。

The sweater may shrink when washed.　そのセーターは洗うと縮むかもしれない。
The pants faded.　ズボンが色落ちした／色あせた。

I smooth out the wrinkles in the shirt.
シャツのしわを伸ばす。

「しわを伸ばす」はsmooth out...。カタカナで「スムーズ」というときの、あのsmoothです。「しわ」はwrinkle。日本語同様、肌のしわもwrinkleです。I have wrinkles round my eyes.と言えば「目の回りにしわがある」です。

Could you smooth out the tablecloth?　テーブルクロスをきれいにして（広げて）くれない？

第8章　　**Laundry**

I hang the shirt (up) on the hanger.
シャツをハンガーにかける。

衣類をハンガーなどにかけるときは、hang… (up) on…です。hang upは4章では「電話を切る」という意味でしたが、ここでは「〜をかける」という使い方も覚えましょう。hangの代わりにputを使ってもかまいません。

He hung his coat on a hook.　彼はコートをフックにひっかけた。
Put your hat on the hook on the wall.　壁のフックに帽子をかけて。

I hang the laundry on the clothespole.
洗濯物を物干し竿に干す。

ここでも「ハンガーにかける」と同様にhangを使って「物干し竿にかける」という表現をします。ちなみに物干し竿は欧米にはなく、clothesline（物干し用のひも）を使うのが一般的です。

Could you hang the sheet on the clothesline?　そのシーツ、物干しのひもにかけてくれる？

I pin the laundry to the clothespole.
洗濯物を洗濯バサミで竿にとめる。

「ピン状の物でとめる、固定する」と言うときは、そのままpin…という動詞が使えます。洗濯バサミはclothespinです。日本では洗濯バサミはプラスチック製の物が一般的ですが、欧米では木製の物もよく使われます。

She pinned a poster up on the wall.　彼女は壁にポスターを貼った。

洗濯物をしまう

The laundry has dried.
洗濯物が乾く。

「乾く」はdryです。5章で「〜を拭く、乾かす」をdry...としました。「乾く」という場合は、後ろには何も付けずに主語＋動詞で表します。洗濯物が濡れてしまったときはget wetです。

The handkerchief has already dried. ハンカチはもう乾いている。
The laundry got wet in the rain. 洗濯物が雨で濡れてしまった。

I take in the laundry.
洗濯物を取り込む。

「〜を取り込む、取り入れる」はtake in...、またはbring in...と言います。部屋の「中に」取り込むのでinです。

As it started to rain, I took in the laundry quickly. 雨が降り出したので、急いで洗濯物を取り込んだ。
The newly-developed fabric takes in moisture very well. 新開発の繊維は水分を強力に吸収します。

I fold the towels twice.
タオルを3つ折りにする。

「〜を3つ折りにする」は2回たたむという意味なので、fold...twiceと表現します。1回はonce、2回はtwice、3回はthree timesです。fold the towels in three（3つにたたむ）と言えばより正確ですが、あまり自然なフレーズではありません。foldは、紙や布など柔らかい物を折りたたむという意味の動詞です。

She folded the origami paper into the shape of a crane. 彼女は折り紙で鶴を作った。
Could you fold the letter? 手紙を折りたたんでおいてくれる？

第8章　**Laundry**

I **put** the laundry **in** the chest.
洗濯物をタンスにしまう。

「〜をしまう」は「入れる」という意味でput...で表現しましょう。タンスにしまうときも、クローゼットにしまうときもputします。また「片付ける」という意味の「しまう」であれば、put awayを使うこともできます。子供が部屋をちらかしていたら"Put away your toys."と言います。

I put my jacket in my closet.　ジャケットをクローゼットにしまった。

We put the laundry in the chest.

第8章
Test Yourself

空欄に適切な語を入れましょう。
2語以上入る場合もあります。
難しいときは「ヒント」を参考にして下さい。

1
A: The wind is blowing the laundry away!
風で洗濯物が飛ばされてるよ!
B: Sorry. I forgot to (　　) them down.
ごめん。洗濯バサミでとめてなかった。

2
A: It's really a (　　) day! Let's go out.
いい天気!どこかへ出かけましょうよ。
B: No. I have lots of homework today.
だめ。宿題がいっぱいあるんだ。

3
A: Hello. It's mom. Can you (　　) the laundry? It's raining outside.
もしもし、お母さんだけど。洗濯物取り込んでくれる?雨が降ってるのよ。
B: Oh, I should hurry.　うん、急いでやるよ。

4
A: My lips (　　) easily in winter.
冬はすぐに唇が乾くの。
B: You should carry a Chap Stick with you.
リップスティックを持ち歩かなきゃね。

5
A: How can I restart the computer?
このコンピュータ、どうやって再起動するの?
B: Just (　　) the [Ctrl], [Alt] and [Delete] keys at the same time.　[Ctrl]と[Alt]と[Delete]を同時に押すのよ。

6
A: Why are you (　　) the size of the closet?
どうして押し入れ寸法を測ってるの?
B: Because I went to buy some shelves to put in the closet.
収納ボックスを買いたいんだ。

94

第8章　**Laundry**

ヒント➡ beautiful, do, sort, press, measure, shrink, smooth out, hang, pin, dry, take in, fold

---

7

A: Why do I always have to (　　) the futon after I get up?
何で毎朝ふとんを折りたたまないといけないんだよ？

B: To prevent mold.
カビがはえるでしょ。

8

A: I can't (　　) the laundry. It's raining again.
洗濯ができないわ。また雨が降ってるから。

B: We have mountains of dirty clothes!
洗濯物が山ほどたまってるのに！

9

A: The clothes may (　　) when washed.
その服、洗うと縮むかもね。

B: In that case, I'll have them dry-cleaned.
じゃあ、ドライクリーニングに出すよ。

10

A: Could you (　　) these CDs into categories?
CDをジャンルごとに分けてくれないかな？

B: Like rock, pop music, and jazz?
ロックとか、ポップスとかジャズとかっていう風に？

11

A: Could you (　　) the sheets on the bed?
シーツのしわを伸ばしておいてくれる？

B: Sure.
いいよ。

12

A: You can (　　) your coat on the doorknob.
ノブにコートを引っかけるといいよ。

B: Don't you have a hook?
コートかけはないの？

95

American Tidbits

洗濯物はどうやって乾かす？

　日本のテレビCMを見ていると、よく晴れた日に真っ白な洗濯物を干しているシーンが出てきます。「お日様の匂いがして気持ちいい」というのがきっと多くの日本人の感想だと思いますが、アメリカ人にはあまりなじみのない感覚です。アメリカでは全自動洗濯機でガーッと洗った後は乾燥機にポンッと入れて一気に乾かしてしまう（ちなみにヨーロッパでは洗濯機と乾燥機が一体になったコンパクトな洗濯機が主流です）。もちろん外に干す人も中にはいますけど、外に干さない主な理由は外観を損なうから。

　また洗濯物に限らず外壁のひび割れとか雨のシミなどすごく気にする人がけっこういます。だから見栄えの悪いところを発見したらすぐにペンキを塗ってしまう。見た感じを大切にするんです。そして何より、洗濯物を外に出して何時間もかけて乾かしてその後取り込んで……、というのは面倒くさいんです。それよりも乾燥機で40〜50分で乾かしてしまった方が簡単で便利でアメリカ人は好きなんです。

答え→ ❶pin ❷beautiful ❸take in ❹dry ❺press ❻measuring ❼fold ❽do ❾shrink ❿sort ⓫smooth out ⓬hang

第9章
Kitchen: Before and After Cooking

① dishwashing liquid　台所洗剤
② sponge　スポンジ
③ scouring pad　たわし
④ dish drainer　洗い物をのせるざる
⑤ water filter　浄水器
⑥ kitchen sink　洗い場
⑦ dishwasher　自動食器洗浄機
⑧ kettle　やかん
⑨ burner　ガスコンロ
⑩ broiler　魚焼きグリル
⑪ stove　ガステーブル
⑫ dial　ガス台のスイッチ

準備

I put the fish in the broiler.
魚をグリルの中に入れる。

「AをBに入れる」はput A in Bです。日本語で魚を焼くところをグリルと言いますが、英語ではbroilerです。コンロの下についている調理をするための場所です。また、grillは鉄板や網など、火にかけるときに食材をのせるもののことを指します。

Put the fish on the grill and put it in the broiler. 魚を網にのせてグリルに入れてくれる?

I close it.
ふたを閉める。

「〜を閉める」はclose…と言います。closeは開いているドアや窓などを「閉める、閉じる」という意味です。同じ意味でshutという単語も使えますが、こちらの方は「バタンと閉める」といった感じで、closeの方がやや丁寧な感じです。

She closed her eyes. 彼女は目を閉じた。
He shut the door. 彼はドアを閉めた。

I light the gas.
ガスに火をつける。

「〜に火をつける」というのはlight…です。「ライター」はcigarette lighter（タバコに火をつける物）からきています。名詞のlightは「明かり」という意味でなじみがあるかもしれませんが、この単語を動詞として使うと「火をつける」または「明かりをつける」という意味になります。

He lighted a match. 彼はマッチに火をつけた。
I lighted the Christmas tree. クリスマスツリーに明かりをつけた。

第9章 Kitchen : Before and After Cooking

I turn on the ventilator.
換気扇をつける。

「換気扇をつける」と言うときの「つける」はturn onです。テレビやラジオなどを「つける」というようなときに使う表現でしたね。先ほど出てきた「ガスをつける」も、turn on the gasと言うことができます。

Will you turn on the light?　明かりをつけてくれる?

I put the kettle on the stove.
やかんを火にかける。

ここでの「かける」はput A on Bのパターンを使います。putは、物をどこかに位置させるときに使える動詞です。コンロの上にやかんを「置く」、つまり「火にかける」となるのです。先ほどの「魚をグリルの中に入れる」は「〜の中に」ですからput A in Bです。

She put a pan on the stove.　彼女はなべを火にかけた。

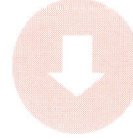

I leave it for a while.
しばらく放っておく。

「〜を放っておく」はleave...を使います。「しばらく」はfor a whileです。whileが具体的にどれくらいの長さを指すかは、文脈によりますが、特に短いことや長いことを強調するときはa short [long] whileなどと言うこともできます。

Leave me alone.　私のことは放っておいて。
Let's separate for a while.　しばらく離れましょう。

The water boils.
お湯が沸く。

お湯などが「沸く、沸騰する」ことをboilと言います。また「ゆでる」や「煮込む」という意味でも使うことができます。いずれも、なべややかんでグツグツさせることに変わりはないからです。英語ではboilだけで沸かしたり、ゆでたり、煮たりできるわけです。

Please boil water. お湯を沸かしてちょうだい。
I boiled some eggs for him. 私は彼に卵をゆでてあげた。

I turn off the gas.
火を止める。

「止める」というのはturn offです。日本語でも「電源をオフにする」と言いますが、これはturn offからきています。つけるときは、先ほどの「換気扇をつける」のところで出てきたturn onです。強めるときはturn it up、弱まるときはturn it downです。これは火やボリュームなどの調節のときに使える表現です。

Turn off the light, please. 明かりを消して。
Turn it down. It's boiling. 火を止めてよ。もう湯だっているわよ。

I look in the broiler.
グリルの中をのぞく。

「〜の中をのぞく」というのはlook in…と言います。lookは何かに注意を向けて「見る」という意味です。「中を」のぞくからinです。「〜の方を見る」ならlook at…、鍵穴などを「のぞく」のならlook through…と言います。

The doctor looked into my mouth. 医者は私の口の中をのぞきこんだ。

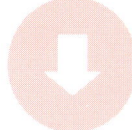

第9章 Kitchen : Before and After Cooking

"It's burning!"
「焦げている!」

「焦げる」というのはburnと言います。burnはもともと「燃える」や「燃やす」という意味があります。物が燃えると黒く焦げますから「焦げる」という意味にもなるのです。またburn my fingersと言えば「物を燃やす」ではなく「(火気で)やけどする」ことを意味します。

I can't eat this.
こんなの食べられない。

「〜を食べる」はeat...です。eatと同じ意味でhaveを使うこともできます。日本語でも「朝ごはんを食べる」と「朝食をとる」のふたつの言い方ができます。haveは後者の「とる」のニュアンスに近く、eatよりも遠回しな表現です。breakfastやlunchなどを「とる」ときによく使われます。

I ate a banana this morning. 私は今朝バナナを食べた。
He is having dinner at the moment. 彼は今、夕食をとっている。

I'm disappointed.
がっかりする。

「がっかりする」と言いたいときは、disappointという動詞を使って表現します。disappointは「(人)をがっかりさせる」という意味の動詞です。「私はがっかりする」を英語では、I am disappointed.、つまり「私はがっかりさせられた」と表現します。I disappointed.としないように気をつけて下さい。

I was disappointed at the news. 私はそのニュースにがっかりした。
The news disappointed me. 私はそのニュースにがっかりした。

後片づけ

I clear away the dishes.
お皿を片付ける。

「お皿を片付ける」というときは、「お皿をどけてテーブルをきれいにする」わけですからclearを使います。clearには「きれいにする」という意味があります。また、例えば「テーブルの上を片付ける」はclear the tableと言います。ここでは「お皿を下げる」のですから、「〜から離れて」というイメージのawayを使うのが適切です。

They cleared snow from the road. 彼らは道路の雪かきをした。

I turn on the water.
水を流す。

「水を流す」と言うときは、先ほどの「換気扇をつける」で出てきたturn onが使えます。「水を流す」は「蛇口をひねって水を出す」ことです。何らかの捜査によってオフの状態からオンの状態にするという意味で、換気扇やテレビなどと同じ動詞で表現ができるのです。反対の表現は「火を止める」と同じturn offです。

Will you turn on the ventilator? 換気扇をつけてくれない？
I turned off the water. 私は水を止めた。

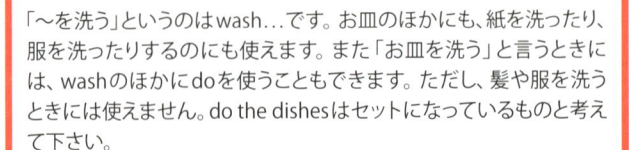

I wash the dishes.
お皿を洗う。

「〜を洗う」というのはwash…です。お皿のほかにも、紙を洗ったり、服を洗ったりするのにも使えます。また「お皿を洗う」と言うときには、washのほかにdoを使うこともできます。ただし、髪や服を洗うときには使えません。do the dishesはセットになっているものと考えて下さい。

I washed the dirty clothes. 私は汚れた服を洗った。
Will you do the dishes? お皿を洗ってくれる？

第9章 Kitchen : Before and After Cooking

I **wipe** the dishes.
お皿を拭く。

「〜を拭く」はwipe...を使いましょう。wipeは布や手などで汚れや水分を拭き取るという意味です。またdryを使うこともできます。「ドライヤー」と言うように、dryには「乾かす」という意味があります。「拭いて乾かす」という感じです。

Wipe your tears away.　涙を拭きなさい。
Dry yourself with a towel.　タオルで体を拭きなさい。

I **put** them **away** in the cupboard.
食器棚にお皿をしまう。

「〜をしまう」というのはput...awayと言います。put...awayは物を元あった場所に「しまう、片付ける」ということです。先ほど「お皿を片付ける」でclearが出てきましたが、これは物を片付けてその場所をきれいにすることを表すのに対し、put...awayは単に「物をしまう」ことを意味します。

Put your shoes away.　靴をしまいなさい。

We put the dishes away in the cupboard.

第9章
Test Yourself

空欄に適切な語を入れましょう。
2語以上入る場合もあります。
難しいときは「ヒント」を参考にして下さい。

1
A: I can't sleep. I just had two cups of coffee.
眠れないわ。コーヒーを2杯飲んだから。
B: Just (　　) your eyes and don't try to sleep.
とにかく目を閉じて、無理に眠ろうとしないことだよ。

2
A: Did you (　　) the gas?
ガスを止めた？
B: Yes, I did.
ええ、止めたわ。

3
A: Don't you smell something?
何かにおわないかい？
B: Oh, no! The fish is (　　)!
あ！魚が焦げてるわ！

4
A: Mom, can I have some ice cream?
お母さん、アイスクリーム食べてもいい？
B: Yes, but (　　) your hands first.
いいわよ。でもその前に手を洗いなさい。

5
A: (　　) the pan on the stove, please.
フライパンを火にかけてちょうだい。
B: OK.
分かったわ。

6
A: What's he doing?
彼は何をしてるの？
B: He's (　　) through a telescope.
望遠鏡をのぞいてるんだよ。

第9章 Kitchen : Before and After Cooking

ヒント→ turn off, put, look, close, leave, wash, burn, disappoint, eat, boil, light, clear

7
A: Now, let's ( ) a candle.
さあ、ろうそくに火をつけよう。
B: Isn't it kind of romantic?
これってちょっとロマンティックよね。

8
A: I'm going to be transferred to a branch in New York.
ニューヨークの支店に転勤になるんだ。
B: Oh, don't ( ) me, please.
私のこと、置いていかないでね。

9
A: I ( ) some eggs for you.
卵をゆでておいたから。
B: Thank you. I'll have one for breakfast.
ありがとう。朝食にひとつもらうよ。

10
A: Are you ( ) at failing the exam?
試験に落ちてがっかりした?
B: Not so much. I knew it.
そうでもないよ。分かってたから。

11
A: ( ) away the dishes, please.
お皿を片付けてちょうだい。
B: Yes, mom.
はい、お母さん。

12
A: What do you want to ( )?
何が食べたい?
B: French food.
フランス料理がいいわ。

105

American Tidbits

アメリカンキッチンの必需品がない！

　日本は生活の中にハイテク製品があふれていて何でも便利だけど、中には「ハイテク社会なのにどうして？」と疑問に思うことがいくつかあります。

　まずは缶切り。どうして缶を開けるのに、あの缶切りを使ってガシガシ開けているのかな。アメリカにはelectric can openerという機械があります。磁石に缶のフタ部分をしっかりくっつける。そしてスイッチを入れると缶が自動でぐるりと回り、同時に刃が缶を切ってくれるという仕組み。切った部分は手が切れないように滑らかになるし、力もいらずアッという間に開けられます。それからdish washer。流し洗いより水を節約できて、大きなお鍋までキレイに洗ってくれます。それからgarbage disposal。シンクの排水口の下にカッターが付いていて、生ごみなどを細かく切って肥料として再利用できるように処理してくれる機械。日本のように「三角コーナー」に一度溜めたごみをまたごみ袋に移す手間はいらないのです。これらはアメリカのキッチンに必ずある３大グッズってところです。日本にあったら便利だと思います。

答え→❶close ❷turn off ❸burning ❹wash ❺Put ❻looking ❼light ❽leave ❾boiled ❿disappointed ⓫clear ⓬eat

第10章 Kitchen : Cooking

① handle　取っ手
② strainer　ざる
③ plastic wrap　ラップ
④ aluminum foil　アルミホイル
⑤ ladle　おたま
⑥ frying pan　フライパン
⑦ spatula　フライ返し
⑧ lid　ふた
⑨ cutting board　まな板
⑩ kitchen knife　包丁
⑪ salt　塩
⑫ pepper　こしょう
⑬ sugar　砂糖
⑭ soy sauce　しょうゆ
⑮ soy-bean paste　味噌

煮込み料理

I **season** the beef with salt and pepper.
牛肉に塩、コショウする。

「塩、コショウする」と言うときの「する」にはseasonを使います。seasonは塩やコショウ、しょうゆ、ハーブなど調味料で下味をつけるときなどに使います。調味料のことをseasoningと言います。

I seasoned the fish with spicy herbs.　魚を辛い調味料で下味をつけた。

I **heat up** the frying pan.
フライパンを熱くする。

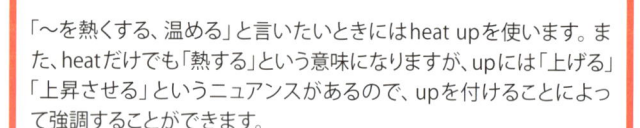

「〜を熱くする、温める」と言いたいときにはheat upを使います。また、heatだけでも「熱する」という意味になりますが、upには「上げる」「上昇させる」というニュアンスがあるので、upを付けることによって強調することができます。

She heated up the soup.　彼女はスープを温めた。

I season the beef with salt and pepper.

第10章　Kitchen : Cooking

I put some oil into the frying pan.
フライパンに油をひく。

日本語では「油をひく」と言いますが、英語では「油を入れる」と考えて put A into B のパターンで表現します。また oil そのものも動詞として使うことができます。「自転車にオイルを差す」と言うときは oil the bicycle です。

I put the egg into the pan.　私は卵をおなべの中に入れた。
I oiled the wheels of my rollerskates.　ローラースケートに油を差した。

I put in the thinly sliced garlic.
ニンニクの薄切りを入れる。

「～を入れる」は put in... を使います。「ニンニクの薄切り」は、英語では thinly sliced garlic、つまり「薄く切られたニンニク」と表現するので発想の転換が必要です。スライスチーズは sliced cheese です。thinly は「薄く」という意味で、slice を強調しています。

Could you put in some sliced onion?　玉ねぎの薄切りを入れてくれる?

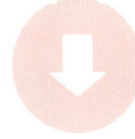

I add the meat into the frying pan.
肉をフライパンに入れる。

先ほど「油をひく」で出てきた put A into B のパターンを使って、put the meat into the frying pan と言うこともできますが、ここでは「～を加える」という意味の add... を使った表現を覚えましょう。

Please add some more water into the pan.　おなべにもう少し水を入れて。

109

I brown the meat.
肉を焼く。

何かをこんがりとキツネ色に焼くと言いたいときにはbrown…を使います。これは、「茶色」や「褐色」の意味のbrownを動詞として使ったもので、特に肉を焼くときに使われます。また「(食べ物を)焼く」は、broil(直火であぶって焼く)、roast(オーブンで蒸して焼く)、bake(パンなどをオーブンで焼く)などどう焼くかによって使う単語が違ってきますので注意が必要です。

She browned the chicken. 彼女はとり肉をキツネ色に焼いた。
My sister is good at baking cakes. 私の姉はケーキを焼くのが得意だ。

"Umm! Smells good!"
「うーん、いい匂いがする」

「うーん」とうなるときはUmm.です。「いい匂いがする」は、Smells good!と言います。これは、It smells good.のitが抜けた形で、口語ではこのようにitを省略することがよくあります。goodを付けずにit smells.とすると「嫌な匂いがする」という意味になります。

I turn the meat over.
肉を裏返す。

「〜を裏返す、ひっくり返す」と言いたい場合にはturn…overが慣用表現です。「Uターンする」と日本語でも言うように、turnには「向きを変える、回転させる」などという意味があります。

I turned the pancake over. 私はパンケーキをひっくり返した。

第10章　Kitchen : Cooking

I pour in some red wine.
赤ワインを入れる。

何か液体を注いだり、飲み物をついだりするときの「〜を入れる」はpour in…です。また、「肉をフライパンに入れる」のときと同じように「赤ワインを加える」という意味で、addを使ってadd some red wine (into the frying pan)と言うこともできます。

Then, pour (in) some vinegar.　次に酢を入れて下さい。

Umm! Smells good!

111

I cover and simmer...
ふたをして、〜をぐつぐつ煮る。

「〜をとろ火でぐつぐつ煮る」と言うような場合にはsimmer...を使いましょう。「煮る」は、ほかにもboilやstewで表現することができますが、それぞれ微妙に意味が異なります。boilは「ゆでる、煮る」という意味の広く使える表現で、stewは「やわらかくなるまで煮込む」という意味です。

I simmered the beans for a few hours. マメを数時間ぐつぐつ煮た。
She boiled potatoes to cook *nikujaga*. 彼女はジャガイモをゆでて（煮て）肉ジャガを作った。

"How's it coming along?"
「もういいかな？」

ここで言う「もういいかな？」は、「今料理している肉がどんな具合かな？」という意味です。このように「進行中のものの具合をチェックする」ようなときには、「(ことが) 運ぶ、進展する」という意味のcome alongを使って表現します。レポートなどの進捗状況を尋ねるようなときにも、同じ表現が使えます。

I take the meat out of the frying pan.
肉をフライパンから取り出す。

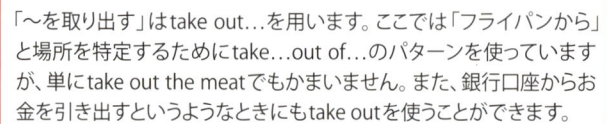

「〜を取り出す」はtake out...を用います。ここでは「フライパンから」と場所を特定するためにtake...out of...のパターンを使っていますが、単にtake out the meatでもかまいません。また、銀行口座からお金を引き出すというようなときにもtake outを使うことができます。

I took some money out of my account. 私はお金を銀行口座からおろした。

第10章　Kitchen : Cooking

目玉焼き

I heat up the oil.
油を熱する。

油を熱するときの「熱する」も、「フライパンを熱くする」のときと同じでheat upを使いましょう。また、heatには動詞のほかにも「熱、暑さ」という意味の名詞もあります。例えば、the heat of summerで「夏の暑さ」という意味です。

She heated up the frying pan.　彼女はフライパンを熱くした。
I can't stand the heat.　この暑さには耐えられないよ。

I crack an egg.
卵を割る。

「卵を割る」と言うときには「〜にひびを入れる、割る」という意味のcrack...を使います。crackは名詞として使われると「ひび、割れ目」という意味になります。また「〜を壊す」ことを表すbreakを使って表現することもできます。

I cracked a bone in my leg when I fell.　転んだとき、足の骨にひびが入った。
He can break an egg with one hand.　彼は片手で卵を割ることができる。

I cover the frying pan.
フライパンにふたをする。

「〜にふたをする」はcover...を使います。cover...は、ふたに限らず、何かに覆いをしたり、物をかぶせたりする場合に使われます。料理に布をかける場合はcover the food with a cloth、床にマットを敷くときはcover the floor with a matです。

I usually cover books with a leather jacket.　いつも本には、革のブックカバーをつけるようにしている。

I use a spatula.
フライ返しですくう。

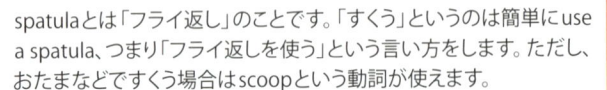

spatulaとは「フライ返し」のことです。「すくう」というのは簡単にuse a spatula、つまり「フライ返しを使う」という言い方をします。ただし、おたまなどですくう場合はscoopという動詞が使えます。

We use two spatulas to turn over *okonomiyaki*. お好み焼きにはふたつの返しを使います。
Scoop the miso soup into the bowl. お椀には味噌汁を入れて下さい。

I put the egg on a plate.
お皿に卵をのせる。

「〜をのせる」という場合にも、物を置くという発想でput...on...のパターンを使って下さい。

Don't forget to put a stamp on the envelope. 封筒に切手を貼るのを忘れないでね。

野菜炒め

I chop the cabbage razor thin.
キャベツを千切りにする。

「切る」と言いたいときには一般的にcutを使うことが多いのですが、cutがザックリと切る動作を表すのに対して、chopはトントンと音をたてて切る動作を表します。「〜を千切りにする」と言うときは、このchopに「カミソリのように薄く」という意味のrazor thinを組み合わせて表現します。「〜をみじん切りにする」はchop...into fine pieces（細かく切る）です。

Chop onions into fine pieces. 玉ねぎをみじん切りにして下さい。

第10章　Kitchen : **Cooking**

"Ouch!"
「痛い！」

突然の（鋭い）痛みを感じたときは、反射的に"Ouch!"と叫びます。また、反射的な表現ではありませんが「かゆい」はitchyと言います。蚊に刺されて「かゆい」と言うときはIt's itchy.。また「くすぐったい」はtickleという動詞を使います。足をくすぐられたときはStop it! That tickles!（やめて！くすぐったい！）です。

I've cut my finger.
指を切った。

「〜を切る」の最も一般的な表現はcut...です。髪の毛を切るのも、爪を切るのも、紙を切るのもすべてcutで表現できます。ただし、同じ「けがをした」状態でも何かで「引っかいて傷ができた」場合はscratch...を使います。

Did you have your hair cut?　髪を切ったの？
I scratched my elbow on the wall.　壁で肘を引っかいて傷ができた。

I apply a bandage on my finger.
指にばんそうこうを貼る。

「（ばんそうこうを）する、貼る」「（薬を）塗る」などは、apply...と表現します。また、同じ「貼る」でも、のりで貼る場合にはpasteを、シールなどを貼る場合にはstickを、ビラなどを貼る場合にはpostを使います。

He applied ointment to his scraped elbow.　彼は肘のすり傷に軟膏を塗った。

I stir-fry the vegetables.
野菜を炒める。

「～を炒める」はfry…ですが、野菜を炒めるときのように「かき回しながらさっと炒める」ときはstir-fryを使います。stirは「かき回す」という意味です。fryは油を使って加熱調理するもの全般に使われます。てんぷらなどのようにたくさんの油を使って揚げる場合にはdeep-fryを使います。

Stir-fry garlic and mushrooms together.　ニンニクとキノコを一緒に炒めて下さい。
I like fried rice.　私はチャーハンが好きだ。

I add some soy sauce.
しょうゆを足す。

「～を足す、加える」はadd…を使います。addの代わりに「入れる」という意味のputや「注ぐ」という意味のpourを使ってもかまいません。またsomeはしょうゆや砂糖など、数えられない物の前につけて「いくらかの」という意味合いを出します。

Please add the meat into the frying pan.　肉をフライパンに入れて。
Would you like some coffee?　コーヒーでも飲みますか？

I taste it.
味見をする。

「～の味見をする、試食する」と言いたい場合はtaste…と言いましょう。またtaste…には「～の味が分かる、味を感じる」という意味もあります。例えば、I can taste garlic in this stew.「このシチューはニンニクの味がする」というように使います。

Please taste the soup.　スープの味見をして。

第10章　Kitchen : Cooking

Something is missing.
何かが足りない。

「何かが足りない」は「(あるべき物が) 欠けている」という意味のmissingを使います。somethingは「何か」という意味です。物がなくなったり、人がいなくなったときにもmissingを使います。

Five pages are missing from this book.　この本は5ページ分抜けている。
My son is missing. Have you seen him?　息子がいなくなってしまったんだけど、見かけませんでした？

How's it coming along?

第10章
Test Yourself

空欄に適切な語を入れましょう。
2語以上入る場合もあります。
難しいときは「ヒント」を参考にして下さい。

1
A: Could you (　　) me a cup of coffee?
コーヒーを1杯入れてもらえますか？

B: Sure. Would you like some milk or sugar?
いいわよ。ミルクや砂糖はいる？

2
A: May I (　　) the soup?
スープを温めてもいい？

B: Yeah, but take care not to boil it.
いいわよ。でも沸騰させないようにね。

3
A: Shall I (　　) you a slice of cake?
ケーキを切りましょうか？

B: Thank you, but I'm on a diet.
ありがとう。でも今ダイエット中なの。

4
A: What should I do next?
次に何をしたらいいのかな？

B: Mix the flour and butter together, then (　　) the sugar.
小麦粉とバターを混ぜ合わせて、砂糖を加えてちょうだい。

5
A: Can you (　　) the notebook on my desk?
そのノートを私の机に置いてくれる？

B: OK.
いいよ。

6
A: Is the pancake ready?
パンケーキできた？

B: Almost, I just (　　).
もう少し、今ひっくり返したの。

第10章　Kitchen : Cooking

ヒント➡ missing, heat up, pour, add, turned it over, brown, coming along, ouch, cover, cut, put, taster

7
A: What do you think of my clothes?
私の服装をどう思う?
B: It's not bad, but I think something is (　　).
悪くはないけど、何かが足りないような気がするんだ。

8
A: Don't forget to (　　) the box with the lid.
箱にふたをするのを忘れないでね。
B: I won't.
ああ。

9
A: I (　　) the meat.
肉を焼いたの。
B: It looks good.
おいしそうだね。

10
A: (　　)! I hit my head against the desk.
痛い!頭を机にぶつけてしまった。
B: Are you all right?
大丈夫?

11
A: I want to (　　) the sauce.
そのソース、味見したいな。
B: Please have a lick.
ちょっとなめてみて。

12
A: How's your homework (　　)?
宿題の進み具合はどう?
B: Not bad.
悪くないよ。

119

American Tidbits

ovenを使いこなしてこそ American mother

　アメリカのキッチンではovenが大活躍します。以前アメリカのケーキミックスメーカーが大金をかけて日本進出を狙ったものの大失敗して帰って行ったという有名な話があります。原因は日本のキッチンにはオーブンがなかったこと。アメリカでは当たり前すぎるほど普及しているので、日本にも当然あると思ったのでしょうね。日本のオーブンはオーブントースターとか電子レンジのオーブン、単独のものがあっても小さいです。アメリカのオーブンといったら電子レンジ2個分くらいの大きさ。これを使って肉料理をはじめ、さまざまな料理を作るのがアメリカのお母さんの腕の見せどころ。アメリカはいろいろな人種が集まる移民の国だから「これがお袋の味」とは一概に言えないけれど、感謝祭やクリスマスなど大勢の人が集まるときにこのオーブンをフル回転させて焼くroast turkeyやroast beefがアメリカの家庭の味でしょうか。普段の食事ではbread、pizza、cake、ham、pie、meat loafなどがオーブンで焼かれます。

答え→❶pour ❷heat up ❸cut ❹add ❺put ❻turned it over ❼missing ❽cover ❾browned ❿Ouch ⓫taste ⓬coming along

第11章
Kitchen : Dining Table

① table cloth　テーブルクロス
② placemat　ランチョンマット
③ knife　ナイフ
④ fork　フォーク
⑤ spoon　スプーン
⑥ beer　ビール
⑦ wine　ワイン
⑧ glass　コップ
⑨ rice bowl　ご飯茶碗
⑩ chopsticks　はし
⑪ salad bowl　サラダボール
⑫ plate　皿

ビールを飲む

I **take** a (bottle of) beer **out of** the fridge.
冷蔵庫からビールを取り出す。

「AからBを取り出す」はtake B out of Aです。「ビールはa beerでビール1杯(1本、1缶)の意味ですが、コップ1杯ならa glass of beer、ビンビールならa bottle of beer、缶ビールならa can of beerと言えばより具体的です。fridgeはrefrigerator(冷蔵庫)の口語的な表現です。

I took the meat out of the freezer.　冷蔵庫から肉を取り出した。

The beer is **ice-cold**.
とっても冷えている。

単にvery coldと言ってもほぼ同じ意味ですが、ここではice-coldという表現をぜひ覚えて下さい。氷のようにキーンと冷えているということです。液体などの温度を表す言葉はほかにhot(熱い)、warm(温かい)、lukewarm(なま温い)、cold(冷めた、冷たい)などがあります。

He has ice-cold hands.　彼の手は氷のように冷たい。
The coffee was lukewarm.　そのコーヒーはなま温かった。

I **open** the bottle with a bottle opener.
栓抜きでボトルの栓を抜く。

これは単に「ビンを開ける」という表現をするのでopen...を使います。ただしワインのようにコルク栓の場合はuncork(コルク栓を抜く)という単語が使えます。「栓抜き」はbottle openerと言います。

Shall I open this can?　この缶、開けようか?
I uncorked the bottle of wine.　ワイン(のコルク)を開けた。

第11章　Kitchen : **Dining Table**

I **pour** beer into the glass.
グラスにビールを注ぐ。

「〜を注ぐ」はpour...と言います。ちなみにアメリカには日本のような大ビン、中ビンなどはなく、缶や1人分サイズのビンが中心です。バーなどに行くと、beer mugと呼ばれるジョッキで出されることもあります。

He poured a glass of iced tea for me.　彼はアイスティーを1杯入れてくれた。
The waiter poured beer from a barrel into a beer mug.　ウェイターは樽からジョッキにビールを注いだ。

The head **overflows**.
泡がこぼれる。

「〜がこぼれる、あふれだす」はoverflowと言います。flowは「(液体)が流れる」などの意味です。そのあたまに「〜を超えて」というニュアンスのoverが付いたと考えて下さい。泡がこぼれたときはIt's overflowing!と言いましょう。ちなみにビールを注いだときにできる泡はheadです。

The bath is overflowing!　お風呂の水があふれてるよ!
Don't give too much head to my beer.　あんまりビールの泡を立てないでよ。

I **drink** the beer.
ビールを飲む。

「〜を飲む」はdrink...です。「ゴクッと飲む」のはgulp down、「一気に飲み込む」のはswallow、「ちびちびとすする」ときはsipと、いろいろ使い分けてみましょう。ちなみに飲み物(beverage)の種類はalcohol(アルコール飲料)、soft drinks(ノンアルコール飲料や炭酸飲料)、fruit juice(100%果汁ジュース)など、代表的な名称は覚えておくと便利です。

I don't drink alcohol.　お酒は飲まない。
He sipped the hot tea.　彼は熱いお茶をすすった。

"I needed that!"
「あ〜、おいしい！」

「これ、これ！これがほしかったのよ」という意味合いの慣用表現。ほかにThat hits the spot!、Oh. that's great!などとも言えます。hit the spotは「（発言などが）的を射る」の意味ですが、飲食物について言うときは「おいしい」という意味になります。また「まずい」と言うときは、It's not good.やIt doesn't taste good.ももちろん使えますが、本当にまずいときはYuck!やYucky!と言うと強調できます。

食べる

Serve the food on the table.
料理をテーブルに出す。

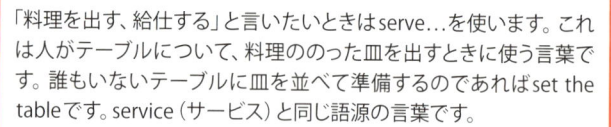

「料理を出す、給仕する」と言いたいときはserve…を使います。これは人がテーブルについて、料理ののった皿を出すときに使う言葉です。誰もいないテーブルに皿を並べて準備するのであればset the tableです。service（サービス）と同じ語源の言葉です。

The restaurant serves until midnight. そのレストランは深夜営業している。
Set the table. It's time to eat. 食器を並べて、食事の時間よ。

"Bon appétit"
「いただきます」

「いただきます」に相当する英語はありませんが、並んだ料理を目の前に「あー、お腹がすいたよお」とか「いい香りね」というように感想を言うことがよくあります。それから、アメリカ人なら誰もが知っているようなフランス語、"Bon appétit!"（さあ、みんなで楽しく食べましょう！）などと言って料理を食べ始めます。しいて言えばこれがアメリカでの「いただきます」です。

第11章　Kitchen : Dining Table

I **hold** the chopsticks.
はしを持つ。

「〜を持つ」はhold...です。おはしのことはchopsticksと言います。2本で1対になっているので、特に1本だけを指さない限り、後ろにsを付けるのを忘れないようにしましょう。また発音も要注意です。Chap Stickと発音してしまうと「荒れ防止用のリップクリーム」という意味になってしまいます。

Don't hold the spoon like that.　スプーンをそんな持ち方しないの。
Do you have Chap Sticks?　リップクリームはおいていますか？

I **pick up** the potato.
ジャガイモをつまむ。

「〜をつまむ」は「〜を取って持ち上げる」という意味のpick up...を使って表現します。ちなみに日本語の「ピックアップ」は、「複数の選択肢から特定の物を選び出す」ことを意味しますが、これは和製英語。pick outやtake upを使いましょう。

The woman picked up her bag.　その女性はバッグを持った。
I picked out good poems in the book.　その本からよい詩をピックアップした。

I **drop** it.
途中で落とす。

「落とす」「落ちる」はdropです。物だけでなく、雨や水など液体がぽたぽた落ちるのもdropを使って表現できます。Water dropped from the ceiling.（天井から水がしたたり落ちた）というように使います。また名詞でdropというと「(一滴の)しずく」という意味になります。

"Butterfingers" describes a person who often drops things.
　Butterfingersとは、物をよく落とす人のことだ。
I felt a few drops of rain.　雨がポツポツ降ってくるのが分かった。

125

I pick it up again.
つまみ直す。

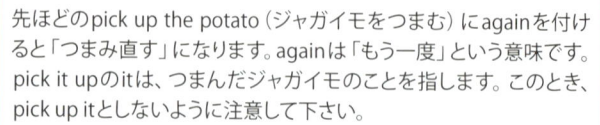

先ほどのpick up the potato（ジャガイモをつまむ）にagainを付けると「つまみ直す」になります。againは「もう一度」という意味です。pick it upのitは、つまんだジャガイモのことを指します。このとき、pick up itとしないように注意して下さい。

I picked up the potato again.　もう一度ジャガイモをつまみ直した。
You can say that again.　その通りだね。（相手の発言に対し「もう一度言ってもいいくらい的を射ている」ということを伝える慣用表現です）

I bring it to my mouth.
口に持っていく。

「〜に持っていく」はbringを使って表現します。bringは何かを携えて「どこかへ持っていく」または「持ってくる」ことです。

Bring the letter to the post office.　手紙を郵便局に持ってきて。
Please bring me a dictionary.　辞書を持ってきてちょうだい。

I chew it.
もぐもぐ噛む。

「噛む」はchewと言います。chewing gum（チューインガム）のchewです。口の中の物を何度も噛んで砕く動作を表します。biteも同じく「噛む」ですが、こちらは人や動物などが「噛みつく」ことを意味します。過去形はbitです。

Chew your food well.　よく噛んで食べなさい。
A ferocious-looking bulldog bit my arm.　どう猛そうなブルドッグに腕を噛まれた。

第**11**章　Kitchen : **Dining Table**

I chew it.

賞味期限

"I'm going to drink some milk."
「牛乳を飲もう」

milkは液体なので数えられない名詞です。a milkやmilksなどと言わないようにしましょう。「コップ1杯の牛乳」と言うときはa glass of milkです。アメリカのスーパーでは、牛乳やジュースなどは、日本の牛乳パックサイズから、gallonと呼ばれる4リットル弱の容器まで売られています。

I check the best-before date.
賞味期限を見る。

ここでの「見る」は「確認する」という意味なので、checkを使います。「賞味期限」はexpiry dateやbest-before date (end)と言い、exp. 05/14/10やBest-Before End: 10.05.14と表記されます。

What is the best-before date of that yogurt? そのヨーグルトの賞味期限はいつ?

It's already three days past the expiry date.
3日も過ぎている。

past...は「~を過ぎて」という意味です。例えば時間を表すときに、half past fiveといえば「5時半」のことです。alreadyは「すでに」などの意味です。文の最初にIt'sが付いていますが、これは天候や時間などを言うときにIt's cold. (寒い) やIt's eight. (8時だ) などと言うのと同じです。

Get up! It's already past eleven. 起きなさい。もう11時過ぎてるわよ。

第11章 Kitchen : Dining Table

"I can't drink this."
「飲め**ない**わ」

「～できない」はcan't...。I can't open the bottle.なら「ビンが開けられない（開かない）」。I can't find my watch.なら「腕時計が見つからない」です。これはcan not...を短くしたもので、「～できる」はcan...です。ちなみに「牛乳が腐っていた」はThe milk has gone sour.です。sourは「酸っぱい」の意味です。

It's already three days past the expiry date.

第11章
Test Yourself

空欄に適切な語を入れましょう。
2語以上入る場合もあります。
難しいときは「ヒント」を参考にして下さい。

1
A: Hey! The bath is (   )!
おい！お風呂の水があふれているよ！
B: I'm sorry. I was completely absorbed in the comedy show.
ごめん。コメディーに夢中になってたわ。

2
A: Did you check the (   ) date of this blueberry jam?
ブルーベリージャムの賞味期限見た？
B: No. Does it smell bad?
いいや。においが悪いかい？

3
A: I haven't returned the books to the library yet.
まだ図書館に本を返してないんだ。
B: What!? It's already two weeks (   ) the due date.
なんですって!?もう2週間も返却日を過ぎてるのよ。

4
A: Excuse me, you just (   ) your keys.
すみません。鍵を落としましたよ。
B: Oh, thank you.
あ、どうも。

5
A: I've kept the iced coffee in the freezer for half an hour.
そのアイスコーヒー、冷凍庫に30分入れておいたの。
B: No wonder. It's (   ).
どうりでよく冷えているわけだ。

6
A: Why are you (   ) the soup?
どうしてスープをすすってるの？
B: Because it's too hot.
すごく熱いんだ。

第11章 Kitchen : Dining Table

ヒント➡ serve, set, ice-cold, pour, sip, overflow, need, pick up, drop, chew, best-before, past

7
A: Bottoms up!
乾杯!
B: (Glub-glub) Yes! I ( ) that!
(ゴクゴク)あ〜、おいしい!

8
A: What is the problem, madam?
奥様、どうかなさいましたか?
B: I haven't been ( ) the veal piccata yet.
まだ仔牛のピカタが来てないんだけど。

9
A: Is dinner ready?
食事の用意できた?
B: Yes. ( ) the table, please.
ええ。食器を並べてくれる?

10
A: Did you ( ) your food well?
ちゃんと噛んで食べてる?
B: Don't worry. I have an iron stomach.
ご心配なく。胃は丈夫だから。

11
A: Why is he ( ) stones?
彼はどうして石なんか拾ってるの?
B: He is collecting beautiful stones.
きれいな石を集めてるのよ。

12
A: ( ) the liquid carefully into the beaker.
その液体、くれぐれも注意してビーカーに注ぐように。
B: I know. Hydrochloric acid is really dangerous.
ああ。塩酸は本当に危険だからね。

American Tidbits

Breakfast…American style

　アメリカでホームステイの経験がある人、あるいは映画などで見たことのある人ならきっとうなずいてくれると思いますが、ここではアメリカ人の典型的な朝食メニューをご紹介しましょう。

　だいたい4品。まず欠かせないのが卵。料理法はいくつかあってscrambled（いり卵）、omelet、そしてfried egg（目玉焼き）、これの焼き方は日本の目玉焼きのように片面だけを焼いたsunny side upと両面焼き（固さは生に近いover easy、半熟のover medium、固焼きのover hard）の2種類があります。そしてhash brown potatoes。さらにham、sausage、baconのどれか。それにtoast、English muffin、pan cakeのどれか。パンケーキは、日本のホットケーキとほぼ同じ材料で作りますが、3分の1くらいの薄さで朝食に食べるもの。おやつには食べない。最後にドリンクとしてcoffeeやjuiceがついて、これがアメリカの朝食。これだけで体の大きなアメリカ人には足りるの?と思われるかもしれませんが量が違うんです。目玉焼きは2、3個があたりまえ。パンケーキも3、4枚、ソーセージも1本ってことはないのです。ただし最近流行の健康志向の人たちはヨーグルトにフルーツだけという軽い朝食でヘルシーライフを送っています。

答え→❶overflowing ❷best-before ❸past ❹dropped ❺ice-cold ❻sipping ❼needed ❽served ❾Set ❿chew ⓫picking up ⓬Pour

第12章 My Room

① desk　机
② calendar　カレンダー
③ bookshelf　本棚
④ dictionary　辞書
⑤ pencil sharpener　鉛筆削り
⑥ tape dispenser　テープ台
⑦ pencils　鉛筆
⑧ eraser　消しゴム
⑨ envelope　封筒
⑩ pen　ボールペン
⑪ scissors　はさみ
⑫ writing paper　便箋
⑬ ruler　定規
⑭ drawer　引き出し
⑮ chair　イス
⑯ calculator　計算機
⑰ mechanical pencil　シャープペンシル
⑱ file　ファイル

宿題

I **sit down** on this chair.
このイスに座る。

「座る」はsit downと言います。特に「イスに」と言いたければ、sit on a chairと言うこともできますがsit downが日常的です。「私は座る」と言うときに、I sit.という言い方はできないので注意して下さい。必ずsit downとするか、sit on a chairというように場所を言います。

Please sit down. どうぞお座り下さい。
The girl sat on her father's lap. その女の子はお父さんのひざの上に座った。

I **turn on** the lamp.
電気をつける。

機器や水道、ガスなどの設備を「つける」ときはturn on…です。またswitch onを使うこともできますが、スイッチで電源を入れるものにしか使えませんので、ガスや水道などのときはturn on…を使いましょう。

I turned on the gas. 私はガスをつけた。
I switched on the vacuum cleaner. 私は掃除機のスイッチを入れた。

I **turn on** the computer.
コンピュータをつける。

「コンピュータをつける」も「電気をつける」も同じturn on…やswitch on…を使って表現することができます。また、コンピュータやエンジンのように「起動させる」「始動(スタート)させる」といった意味合いで「つける」物はstart (up)…を使うこともできます。

He turned on the computer. 彼はコンピュータをつけた。
I can't start up the car. 車のエンジンがかからない。

第12章　My Room

I **work on** the homework.
宿題をする。

「(宿題)をする」と言うときにはwork on...という表現が使えます。work on...は宿題に限らず何かに「取り組む」という意味です。do the homeworkは単に「宿題をする」という意味です。「宿題を提出する」のはhand in the homeworkです。

I'm working on a big project. 大きなプロジェクトに取り組んでいる。
Have you already handed in the homework? もう宿題を提出した?

I don't know how to make a graph.
グラフの作り方が分からない。

「〜の仕方が分からない」はI don't know how to...と言えます。I don't knowは「分からない」「知らない」という意味です。「〜の仕方」はhow to...。「ハウツー本」というのはここからきています。発音するときは「ハウトゥー」として下さい。

I don't know how to use a computer. コンピュータの使い方を知らない。

It's **too difficult**.
難しすぎる。

「難しい」はdifficultです。前にtooを付けると「〜すぎる」と強調することができます。hardという単語を使うこともでき、これはdifficultよりも口語的な表現です。また、「難しすぎる」の反対で「簡単すぎる」はtoo easyでもかまいませんが、a piece of cakeという表現が口語ではよく使われます。

She asked me a difficult question. 彼女は私に難しい質問をした。
The test was a piece of cake. 試験は朝飯前だったよ。

I decide not to do it.
やめよう。

「やめよう」のように何かを「決める」のはdecideを使って表現します。decide to…で「〜することを決める」です。ここでは「やめる」＝「〜しないことに決める」わけですからnot to…です。「あきらめる」という意味ではgive it upと言うこともできます。

I decided not to go to the party.　私はそのパーティには行かないことにした。
I gave up cigarettes.　タバコをやめた。

I open the notebook.
ノートを開く。

「〜を開く」はopen…です。「ノート」はそのままnoteと言わず、きちんとnotebookと言うようにして下さい。英語のnoteは「メモ書き」のことを指します。「テキスト」はtextbookでもtextでもかまいませんが、textは本文という意味もあるので注意して下さい。

The notebook is open.　ノートが開いている。
Did you take notes at the meeting?　その会議でメモをとった？

I look up a word in the dictionary.
辞書で単語を調べる。

「〜を調べる」はlook upです。本やインターネットで知りたい事柄を調べるときに使います。また、look up to…とすると「(誰かを) 尊敬する」という意味になります。文字どおり上を見て尊敬するということです。例えばThe young scientist looked up to Albert Einstein.(その若い科学者はアルバート・アインシュタインを尊敬していた) となります。

Look up the spelling in a dictionary.　辞書でスペルを調べなさい。
The boy looked up to his father.　男の子は彼の父親を尊敬していた。

I write the word down in the notebook.
ノートに書き写す。

「〜を書き写す」はwrite...downと言います。「〜を」にあたる言葉を忘れずに言いましょう。「(それを)書き取った?」などと言うようなときにもDid you write it down?と言います。writeはwrite a letter (手紙を書く)というように「書く」の意味です。

I wrote down his phone number.　私は彼の電話番号を書きとめた。

"Oops!"
「あっ!」

小さな失敗をしたときなどに瞬間的に「あっ」と言うのを"Oops!"と言います。このようにとっさに出る言葉に、例えば恐怖の大ピンチのときにはAugh! (アアーッ!)、ネズミなど嫌いなものに遭遇したときはEek! (キャー!)、アイロンなどを足に落として激痛が走ったときなどにはOw! (アオッ!) などがあります。アメリカンコミックでもよく見かけます。

I look up a word in the dictionary.

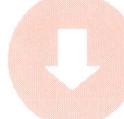

I spelled it wrong.
スペルを間違えた。

「〜のスペルをつづる」というのはspell...と言います。「間違って」というのはwrongです。spell...wrongで「〜のスペルを間違える」という意味になります。misspell...と言っても同じ意味です。ただし日本語の「スペル」と違いspellは名詞ではありません。名詞として言いたい場合はspellingです。

How do you spell your name? お名前のスペルを教えて下さい。
What is the spelling of the word? その単語のスペルを教えて下さい。

Where's the eraser?
消しゴムはどこ？

「〜はどこにあるの？」と言うときはWhere's...?やWhere are...?です。whereは場所を尋ねるときに使う単語で、その場合必ず文の頭に持ってきます。「いつ？」と日時などを聞くときはwhen、「何」はwhat、「誰」はwhoなど、同じような仲間の言葉はよく使うので覚えておきましょう。

Where's your mother? お母さんはどこに行ったの？
When are you going to move? いつお引っ越しするの？

"Here it is!"
「あった！」

「あった！」というのはHere it is!と言います。hereというのは「ここ」という意味で「ここにあるわ」ということです。同じような意味でthereを使って言うこともできます。thereは「そこ」という意味で、There it is!と言うと「そこにあるわ」ということです。自分のすぐそばで見つけたのか、それとも少し離れたところで見つけたのかで使い分けましょう。

第12章　My Room

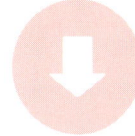

I erase it.
消す。

「(消しゴムなどで) 〜を消す」はerase...です。「消しゴム」はeraserと言います。またeraseは、文字はもちろんデータなどに記録されたものを「消す」場合や、忘れたい過去を「消す」ような場合にも使われます。

I erased the word with the eraser.　その単語を消しゴムで消した。
I want to erase the memory.　その記憶を消してしまいたい。

When is the report due?
レポートの提出はいつ？

レポートなどの期限について言うときはdueという形容詞を使います。「〜がいついつまでになされなければならない」というような意味です。また、日本語の「締め切り」に近い表現としてdeadlineという単語があります。直訳すると「死の線」、つまりこのラインを超えるともう終わりだということです。

The rent is due tomorrow.　家賃は明日支払わなければならない。
Tomorrow is the deadline for the report.　明日がレポートの締め切り日だ。

I check the schedule.
スケジュール帳を見る。

「(スケジュールを) チェックする」という意味でcheck...を使います。checkにはさまざまな意味があり、これまでに出てきた「〜を確認する、調べる」というほかに「小切手」という意味もあります。アメリカではpersonal checkbook (小切手帳) を大勢の人が持っていて買い物などはだいたいこれで済ませます。現金を持ち歩かずサインだけでいいので便利で安全です。

Check when the train will come.　電車が何時に来るか調べて。

手紙

I've got a letter from a friend.
友だちから手紙が来た。

「(手紙が)来た」は「(手紙を)受け取った」という意味でI've got...と言います。receiveも「受け取る」ですが、口語では堅い感じがするのでgetの方が自然です。「〜からの手紙」と言うのはa letter from...と言います。逆に「〜宛の手紙」と言うときはa letter to (for) ...です。

Look! I've got a Christmas card from Greg. 見て!グレッグからクリスマスカードが来たわ。
The politician receved a bribe. その政治家はわいろを受け取った。。

I cut open the envelope.
はさみで封を開ける。

「〜を開ける」はopen...ですが、「はさみで開ける」と言うときはcut openと言うことができます。cutは「切る」という意味です。はさみで切って開けるのでこう表現します。(ドアなどを)押して開けるならpush open、壊して開けるならbreak openと、openのほかの動詞と組み合わせて使うことができます。

She cut open the parcel. 彼女は小包をはさみで開けた。
He kicked open the door. 彼はドアを蹴り開けた。

I take out the letter.
手紙を取り出す。

「〜を取り出す」というのはtake out...と言います。物を何かの外に出すことを意味する表現です。draw outと言うこともできますが、これは同じ「取り出す」でも、むしろ「引き出す」ような感じの動作表現です。

He took out his wallet. 彼は財布を取り出した。
He draws out the tape measure. 彼は巻き尺の目盛りを引き出した。

第12章　My Room

I read it.
読む。

「読む」はreadです。read a letterで「手紙を読む」ということです。「読書する」という意味では、read a bookよりも単にreadと言うこともできます。readの過去形は、スペルは同じですが発音が変わるので要注意です。現在形は「リード」、過去形は「レッド」と発音します。

She is reading a magazine.　彼女は雑誌を読んでいる。
She likes to read.　彼女は読書が好きだ。

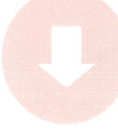

It brings back memories...
懐かしい…

「懐かしい」に直接あたる英語は残念ながらありません。この場合は「(手紙が)記憶を思い出させた」という意味でbring back memoriesを使うと、日本語の「懐かしい」に近いニュアンスになります。これは決まり文句として覚えましょう。また、「懐かしい思い出」と言うのをgood old memories(古きよき思い出)と表現することもあります。

The pictures brought back good memories.　写真を見ると懐かしくなった。

I've got a letter from a friend.

第12章
Test Yourself

空欄に適切な語を入れましょう。
2語以上入る場合もあります。
難しいときは「ヒント」を参考にして下さい。

1
A: I'm sorry that I (   ) your name wrong.
あなたの名前のスペルを間違ってごめんなさい。
B: Never mind.
気にしないで。

2
A: Do you know when the report is (   )?
レポートの提出がいつか知ってる?
B: It's next Monday.
今度の月曜日よ。

3
A: Are you going to the party?
パーティには行くの?
B: No, I (   ) not to go.
ううん、行かないことにした。

4
A: You've been working so hard.
最近よく働くね。
B: I'm (   ) a big project.
大きなプロジェクトに取り組んでるんだ。

5
A: How was the exam?
試験はどうだった?
B: Hmm... , it was (   ) difficult.
うん、難しすぎたよ。

6
A: Are you free this Sunday?
今度の日曜日はひま?
B: Sunday? Let me (   ) the schedule.
日曜日? スケジュールを見てみるわ。

142

第12章　My Room

ヒント➡ check, work on, from, spell, cut, decide, too, due, bring back, how, write, where

7
A: I've got a letter ( ) David.
デビットから手紙が来たわ。
B: David?! I haven't heard from him for nearly a decade!
デビットですって?!　10年近くも彼から連絡ないのよ!

8
A: Hey Linda, come and play basketball with us.
おいリンダ、一緒にバスケットボールしようぜ。
B: I don't know ( ) to play.
うん、でも私やりかた知らないわ。

9
A: ( ) is mom?
お母さんどこ?
B: She's in the kitchen.
台所にいるわ。

10
A: Do you remember this postcard? We bought it on our honeymoon.
この絵はがき覚えてる?　私たちの新婚旅行で買ったのよ。
B: Yeah, it ( ) memories.　ああ、懐かしいね。

11
A: ( ) open the parcel, please.
小包をはさみで開けてちょうだい。
B: OK. Could you pass me the scissors?
いいわ。はさみを取って。

12
A: I'll tell you my phone number.
電話番号を教えるわね。
B: Wait a minute. I'll ( ) it down.
ちょっと待って。書き留めておくわ。

American Tidbits

こんなに違う
日本とアメリカの大学受験システム

　日本では、冬の大学受験に向けて夏休みから机に向かう時間が増えますね。アメリカの大学受験は日本と大きく異なります。

　公私立に関係なくアメリカ全土に共通のSATとACTという2種類の試験があります。これは日本の大学の入学試験に直接当たるものではありませんが、何点とったかでどこの大学に入れるか目安となり、大学側も受験生をみるひとつの目安とします。この試験は年に何回もあって、今回振るわなくても次回頑張ればいいのです。大学によってこのほかに論文、面接、そしてハイスクール時代に何をしたか、例えば、ボランティア活動を熱心にやったとか、フットボールで活躍したとか、などを重要視します。大学がどんな学生がほしいかはまちまちですが、たとえ試験の成績が良くても、熱心に取り組んだものがなければ、入学が許可されないこともあります。

　目標の点数がとれ、入学許可も出たら、あとはお財布と相談です。納得いく条件がそろえば大学生としての生活が待っています。ただし、アメリカではハイスクールを卒業してすぐに大学に入ることが重視されていないので、卒業後仕事をして授業料を貯めたり、1〜2年旅行をしてから大学受験をする人がたくさんいるんですよ。

答え→ ❶spelled ❷due ❸decided ❹working on ❺too ❻check ❼from ❽how ❾Where ❿brings back ⓫cut ⓬write

第13章
Dresser

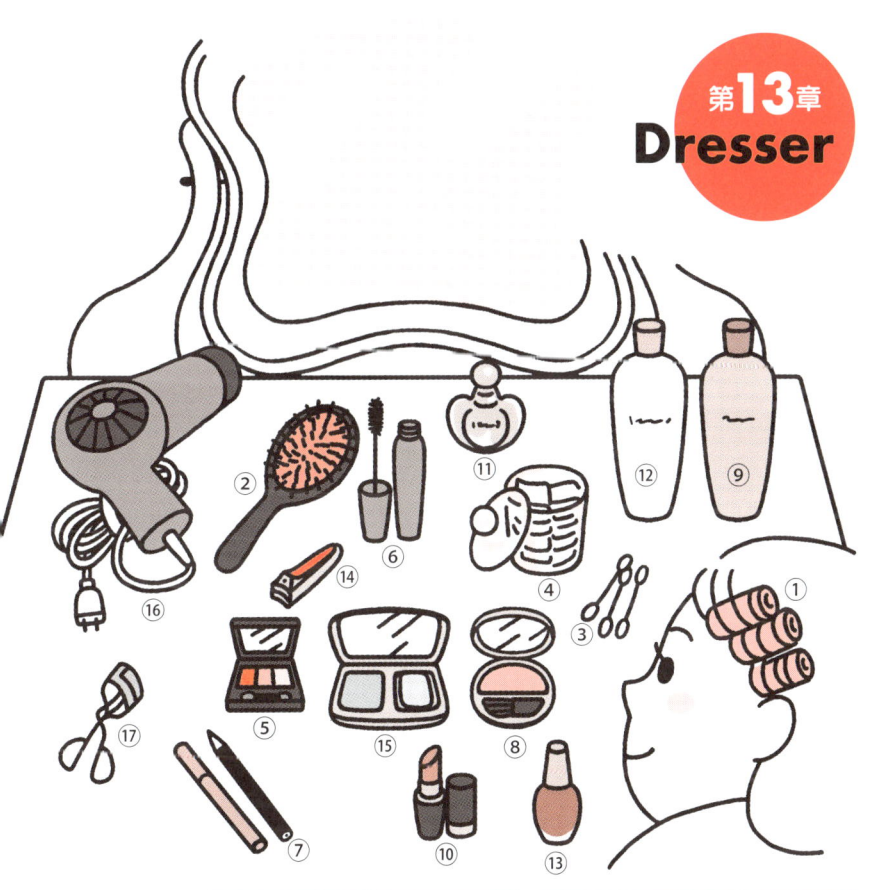

① curler　カーラー
② hairbrush　ヘアブラシ
③ cotton swabs　綿棒
④ cotton balls　コットン
⑤ eye shadow　アイシャドー
⑥ mascara　マスカラ
⑦ eyebrow pencil　アイブロー
⑧ blush　頬紅
⑨ lotion　乳液
⑩ lipstick　口紅
⑪ perfume　香水
⑫ astringent　化粧水
⑬ nail polish　マニキュア
⑭ nail clipper　爪切り
⑮ foundation　ファンデーション
⑯ hair dryer　ヘアドライヤー
⑰ eyelash curler　ビューラー

お化粧

I **pat** my face with the astringent.
顔に化粧水を軽くたたく。

「何かを手のひらで「軽く、あるいは優しくたたく」と表現したい場合には、pat…を使います。例えば、自分以外にも他人の肩などをたたいて、相手の注意を引いたり慰めたりする場合にも使います。

She patted me on the back. 彼女が私の背中をポンとたたいた。

I **put** some lotion **on** my hand.
乳液を手に取る。

「乳液を手に取る」ということは「乳液をいくらか手の上に置く」と表現して、put A on Bのパターンを使います。また、eye shadow (アイシャドウ) やperfume (香水) などをどこにつけるかをいう場合にも、このパターンを使います。

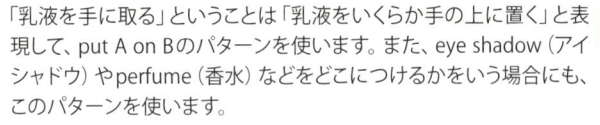

I put the mascara on my eyelashes. マスカラをまつげにした。

I **spread** it **on** my face.
顔に伸ばす。

「AをBの上に薄く伸ばして塗る」と言いたいときは、spread A on Bを使います。文脈によって「塗る」「広げる」「伸ばす」などの日本語に当てはまる動詞です。また、spreadは過去形にしても変化せずspreadのままで使います。

The teacher spread a map on the desk. 先生は地図を机の上に広げた。

第13章　Dresser

I apply make-up.
化粧をする。

「化粧をする」は「〜を身に付ける」という意味のput on...のほかに、apply...を使うこともできます。また、applyは「〜に申し込む、出願する」という意味でもよく使われますので覚えておくと便利です。

She applied the moisturizer to her forehead.　彼女はおでこに乳液を塗った。
I applied for the scholarship but was rejected.　奨学金に申し込んだが落とされた。

I apply make-up.

マニュアを塗る

I turn the bottle lid.
ビンのふたをねじる。

「(栓などを) ひねる」「〜を回す」はturn…を使います。また、turnの代わりに「ねじる」という意味のtwistを使って、twist openと言うこともできます。ちなみにビールビンやしょうゆのビンのように注ぎ口が小さいビンのことをbottleといい、ジャムのようにふたの部分が大きいビンのことをjarといいます。

I turned the doorknob. 私はドアのノブを回した。

I take the lid off the bottle.
ビンのふたを取る。

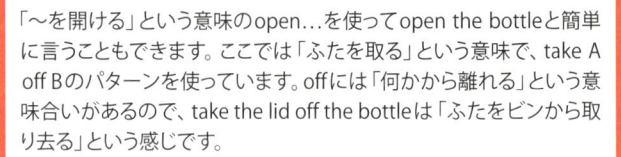

「〜を開ける」という意味のopen…を使ってopen the bottleと簡単に言うこともできます。ここでは「ふたを取る」という意味で、take A off Bのパターンを使っています。offには「何かから離れる」という意味合いがあるので、take the lid off the bottleは「ふたをビンから取り去る」という感じです。

I took the lid off the bottle, and forgot to close it. ふたを取ったまま、閉めるのを忘れた。

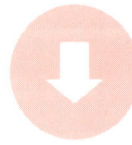

I hold the brush.
刷毛(はけ)を持つ。

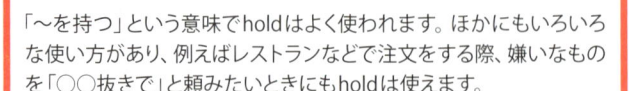

「〜を持つ」という意味でholdはよく使われます。ほかにもいろいろな使い方があり、例えばレストランなどで注文をする際、嫌いなものを「○○抜きで」と頼みたいときにもholdは使えます。

The dog was holding a bone in its mouth. その犬は口に骨をくわえていた。
Please hold the onions on that large combination pizza. ミックスピザのLサイズをオニオン抜きでお願いします。

第13章　　Dresser

I spread my fingers out.
指を広げる。

「広げる」はspreadを使います。spreadを使った慣用表現にDon't spread yourself out too thin.があります。「あまり手を出しすぎるな」ということです。あちこちに手を出しすぎて、どれも中途半端になってしまうことを警告する言葉です。

Spread out on the grass.　芝生の上で大の字になってみなよ。

I apply the nail polish.
爪にマニキュアを塗る。

マニキュアも化粧品のひとつなので、「マニキュアを塗る」と言うときもapply...やput on...を使います。またマニキュアはnail polishと言います。polishは動詞で「〜を磨く、つやをだす」という意味です。ちなみに「爪を伸ばす」はlet my fingernails growです。

Why don't you apply nail polish?　マニキュアをしてみたら?
I've been letting my nails grow for a month.　1カ月間爪を伸ばしている。

I apply the nail polish.

I dry my nails.
爪を乾かす。

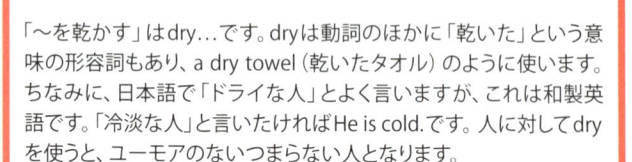

「〜を乾かす」はdry…です。dryは動詞のほかに「乾いた」という意味の形容詞もあり、a dry towel（乾いたタオル）のように使います。ちなみに、日本語で「ドライな人」とよく言いますが、これは和製英語です。「冷淡な人」と言いたければHe is cold.です。人に対してdryを使うと、ユーモアのないつまらない人となります。

You had better dry the clothes.　濡れた服を乾かした方がいいよ。

I screw the lid back on.
ビンのふたを回して閉じる。

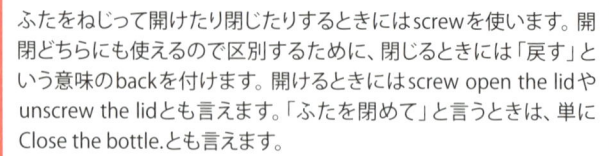

ふたをねじって開けたり閉じたりするときにはscrewを使います。開閉どちらにも使えるので区別するために、閉じるときには「戻す」という意味のbackを付けます。開けるときにはscrew open the lidやunscrew the lidとも言えます。「ふたを閉めて」と言うときは、単にClose the bottle.とも言えます。

It seems somebody screwed the lid on too tightly.　誰かふたをきつく締めすぎたようだ。

I plug in the hair dryer.
ドライヤーのコンセントを差し込む。

「（機器）をコンセントにつなぐ」と言いたいときには、plug in…を使います。また、日本語では単にドライヤーと言いますが、英語でdryerは洗濯物の乾燥機なども含まれるので、hair dryerと区別して言って下さい。ちなみに、洗濯物の乾燥機はclothes dryerと区別することができます。

I plugged in the vacuum cleaner.　私は掃除機のプラグをコンセントに入れた。

第13章　Dresser

I sit in front of the dresser.
鏡の前に座る。

「〜の前に」はin front of...です。このような位置関係を表す言葉はほかにもいくつかありますので覚えておくと便利です。例えば、next to...は「〜の隣に」、behind...は「〜の後ろに」、on...は「〜の上に」などです。

I met my boyfriend in front of my office.　会社の前でボーイフレンドに会った。
The Labrador retriver was behind Yugo.　そのラブラドールレトリバーは裕吾君の後ろにいた。

I blow-dry my hair.
髪をブローする。

「〜をブローする」は、blow-dry...と言います。乾かしながら髪をセットすることを意味します。単に「髪を乾かす」という場合にはdry my hairを使って下さい。また「ブローをした」と過去形にしたいときにはblow-driedとしましょう。

Could you blow-dry my hair please?　髪をブローしてもらえますか？

I blow-dry my hair.

第13章
Test Yourself

空欄に適切な語を入れましょう。
2語以上入る場合もあります。
難しいときは「ヒント」を参考にして下さい。

1
A: Did you (　　) make-up this morning?
今朝化粧した？
B: I overslept and didn't have much time.
寝坊しちゃって、あまり時間がなかったの。

2
A: I was caught in a shower.
にわか雨にあっちゃった。
B: Oh, you are soaked! (　　) your clothes.
えー、びしょ濡れじゃない！服を乾かしなさい。

3
A: This vacuum cleaner doesn't work.
この掃除機動かないの。
B: You've forgotten to (　　) it in.
コンセントをさし忘れているわよ。

4
A: I don't like the color of your nail polish.
あなたのマニュアの色あまり好きじゃないわ。
B: Then, I'll (　　).
じゃあ、落とすわ。

5
A: I thought it was Jane and (　　) her on the shoulder, but it was the wrong little girl.
ジェーンだと思って肩をなでたんだけど、全然知らない女の子だった。
B: You must have been so embarrassed! 恥ずかしかったでしょうね。

6
A: Where's Chie?
千恵はどこ？
B: She's been sitting (　　) the computer all day.
1日中、コンピュータの前に座っているよ。

152

第13章　Dresser

> **ヒント→** put, pat, dry, hold, blow-dry, take it off, apply, plug, spread, screw, in front of, behind

7
A: You must (　　) the lid back on after you use the nail polish.　マニキュアを使い終わったらふたを閉めておくのよ。
B: I know, but I thought you might use it.
ええ、でもあなたも使うと思ったのよ。

8
A: Hey. That hair style looks good on you.
ねえ、そのヘアスタイルいいわよ。
B: Thanks. It took an hour to (　　) my hair.
ありがとう。ブローするのに1時間もかかったのよ。

9
A: Did you wear the perfume?
香水をつけましたか？
B: Yes, (　　) my ears.
ええ、耳の後ろに。

10
A: Tommy is boring. He is too shy and doesn't even (　　) my hand.　トミーってつまらないのよ。恥ずかしがって、私の手を握ってくれないの。
B: Then, you should lead him to do so.
じゃあ、あなたからそう仕向けないと。

11
A: Your handkerchief smells sweet.
君のハンカチ、いい匂いがするね。
B: I (　　) perfume on it.
香水をつけたのよ。

12
A: The bad information (　　) very quickly. What should I do?　悪い情報がとても速く広がった。どうしたらいいかしら？
B: Don't worry. People will forget about it soon.
心配しないで、人はすぐに忘れるよ。

American Tidbits

女性のオシャレは万国共通

　ドレッサーに向かってお化粧をすることは万国共通。でも、いつから始めるかについては、日本とアメリカでは違います。アメリカの女の子は小学校高学年の頃からお化粧を始める子が多い。それに「子ども」ではなくて、彼女たちは立派な'lady'。5年生くらいでマスカラに口紅くらいはしています。ハイスクールになると、服装もスポーツ系、カジュアル系、アクティブ系、セクシー系などに分かれます。お化粧にも詳しいし、女性として十分きれいにしているので学校はファッションショーみたいなもの。人気のある子が集まったグループに入って、オシャレをして、勉強もできる子が学校の人気者。

　しかし、ここで注意点がひとつ。アメリカでは男女に関わらず、容姿についてのコメントはマナーとして避けるべきとってもセンシティブなトピックです。I love your hair styleとは言うけれど、痩せているとか太っているとか、容姿そのもののコメントはしてはいけない。褒めているつもりでも相手はとても気にしていることもあるかもしれませんからね。日本ではコミュニケーション手段として容姿についてコメントすることがありますが、アメリカではそうでないと覚えておいて下さい。

答え→ **1** apply **2** Dry **3** plug **4** take it off **5** patted **6** in front of **7** screw **8** blow-dry **9** behind **10** hold **11** put **12** spread

第14章
Closet

① blazer　ブレザー
② long coat　コート(長い上着)
③ jacket　ジャケット(短い上着)
④ dress　ワンピース
⑤ hanger　ハンガー
⑥ mothballs　防虫剤
⑦ bow tie　蝶ネクタイ
⑧ folding door　引き戸
⑨ scarf　スカーフ
⑩ purse　ハンドバッグ
⑪ necktie　ネクタイ
⑫ camisole　キャミソール

服を着る

I open the closet.
クロゼットを開ける。

「~を開ける」はもう何度も出てきたopen…です。closetは日本語の「クロゼット」と同じで、部屋にすでに備え付けられている押し入れのことを差します。家具としての衣装ダンス（ハンガーかけがあるもの）はwardrobe。引き出しだけのタンスはchestです。

She opened the chest to find her scarf. 彼女はタンスを開けてスカーフを探した。

"What shall I wear today?"
「今日は何を着ようかな？」

「着る」や「身につける」はput onです。しかしput onは着る動作そのものを表す言葉なので、ここでは着ている「状態」を表すwearが正しい表現です。下の例文で比べてみて下さい。

The guy always wears a black jacket. その男性はいつも黒いジャケットを着ている。
The guy put on a black jacket. その男性は黒いジャケットを着た。

I choose clothes to wear.
服を選ぶ。

「選ぶ」の最も一般的な動詞はchooseです。過去形はchoosedではなくchoseなので注意して下さい。またselectも「選ぶ」ですが、これは通常3つ以上の物の中から最適な物を「選り抜く」という意味です。chooseは2つの物から選ぶ場合にも使えます。

Which one of the two will you choose? ふたつのうち、どっちを選ぶ？
The actor was selected as the best dressed man of 2009. その俳優は、2009年のベストドレッサーに選ばれた。

第14章　Closet

I **take out** the clothes.
服を**取り出す**。

「～を取り出す」はtake out...です。より具体的に言うとtake the clothes out of the closetとなります。ちなみに日本語で「テイクアウトする」は「お持ち帰り」のことですが、アメリカ英語ではtakeout sandwichのように形容詞で表すか、to goという表現をする方が一般的です。

She opened her purse and took out lipstick.　彼女はハンドバッグを開けると口紅を取り出した。
Here or to go?　こちらでお召し上がりですか、お持ち帰りですか？

I **put on** the shirt.
シャツを**腕に通す**。

put my arms in the sleevesとすれば文字どおりですが、ここでは「～を着る、身に付ける」という意味のput on...が一般的です。ただし、Put on your shirt.は腕を通すだけでなく、ボタンをかける動作まですべて含まれるので気をつけて下さい。

I put on my sweater.　セーターを着た。

What shall I wear today?

I button (up) the shirt.
シャツにボタンをかける。

buttonをそのまま動詞として使います。「(ドアに) 鍵をかける」をlock the door、つまり「ドアをlockする」と表現するのと同様に「(シャツに) ボタンをかける」も「シャツをbuttonする」のようなかたちで表現します。また「ボタンを外す」はunbuttonです。

It is difficult for children to button up their shirt.　ボタンをかけるのは子どもには難しい。

I put on the pants.
ズボンに足を通す。

これも「シャツに腕を通す」と同様に、put your legs into the pantsとは言わずにput onを使います。ちなみに「ズボン」は足がふたつあるので、いつもpantsと複数形で言います。scissors (はさみ) やglasses (めがね) などと同じですね。

I put on the shirt.　シャツを着た。
I'm wearing glasses.　私はめがねをかけている。

I zip up the pants.
ジッパーを上げる。

ズボンなどのジッパーを動かすのはzip...で表します。後ろにupをつけると通常閉める動作になります。ジッパーを開ける (ズボンの場合は下げる) にはzip down、unzipと言います。zipだけではジッパーを動かすことしか意味しないので注意して下さい。

He zipped up his boots and went out.　彼はブーツのジッパーを上げると、出ていった。
I unzipped the bag.　バッグのジッパーを開けた。

第14章　Closet

I pass the belt through the loops.
ベルトを通す。

「AをBに通す」はpass A through Bです。「ベルトをベルト通しに通す」という表現です。単に「ベルトをする」と言うときはput on the beltが日常的です。またpassには「通る、通過する」の意味もあり、例えばpass through the gateで「門を通る」、pass the examで「試験に通る（合格する）」です。

Pass the baggage through the X-ray.　荷物をX線に通して下さい。

I buckle the belt.
ベルトを締める。

「ベルトを締める」と言うときはbuckle...を使います。fasten the beltも「ベルトを締める」ですが、これは通常シートベルトを締めるときに使われます。tighten the beltはすでにとめてあったベルトが緩いので「きつくする」ことを指します。「調節する」ときはadjust the beltです。

Fasten your seat belt now. I'm not a good driver.　運転に自信ないから、シートベルトをしてね。
I buckled the new belt.　新しいベルトをした。

I buckle the belt.

アイロンかけ

I plug the iron cord into the outlet.
アイロンのコードをコンセントに入れる。

ここではplug...という動詞を使います。簡単にplug in the ironと言うこともできます。ここで気をつけてほしいのは、「コンセント」が英語ではoutletになっている点です。英語にもconsentという単語がありますが、これは「応じる、同意する」などの意味の動詞で「コンセント」とは関係ありません。

I plugged the guitar into the amplifier.　ギターをアンプにつないだ。

I let the iron heat up.
アイロンを熱する。

let him goで「彼を行かせる」と言うように、letは「〜させる」の意味です。「アイロンを熱する」ではなく「熱くさせる」というわけです。アイロンを火にかけて熱するわけではないので、このように表現します。ただしturn the iron on (アイロンの電源を入れる) の方が会話では自然です。

Let me introduce myself.　自己紹介をします。

I spread out the blouse on the ironing board.
ブラウスをアイロン台に広げる。

「〜を広げる」はspread out...です。spreadには「広げる」という意味がありますが、「(人々を) 分散させる」「(噂などを) まき散らす」「(料理などを) 並べる」ときにも使います。

The hawk spread its wings.　タカはその羽を広げた。
The manager spread the waiters around the party room.　支配人はパーティ会場のあちこちにウエイターを散らばせた。

I spray water on the blouse.
ブラウスに霧を吹きかける。

「霧を吹く」は、水を霧吹き器でスプレーすることからspray waterと言います。「霧」という日本語からmistを思いつく人もいるかもしれませんが、これは自然現象の霧や、香水などを吹いたときにできるもっと細かい霧を指します。また、「霧を吹く」をそのままspray mistと言うことはできません。

I sprayed perfume on my handkerchief.　ハンカチに香水をスプレーした。
The mist has cleared.　霧が晴れた。

I iron the blouse.
アイロンをかける。

「〜にアイロンをかける」はiron...。シンプルなので、簡単に覚えられますね。またpress...と言っても同じ意味です。press the shirtで「シャツにアイロンをかける」です。また「のりづけをする」はstarch the shirtです。

Ironing shirts is time-consuming.　シャツにアイロンをかけるのは時間がかかる作業だ。

I iron the blouse.

ストッキング

I put on the pantyhose.
ストッキングに足を通す。

「足を通す」はストッキングを「履く」ことなのでput on...です。引っ張って履くことから、pull upやpull onを使うこともできます。ストッキングはpantyhoseと言い、panty stockingsと言うのはまれです。stockingは左右別々になっている物を言います。

I put on the shirt. シャツを着た。
I pulled on pantyhose. ストッキングを履いた。

The pantyhose got caught on my nail.
ストッキングが爪に引っかかる。

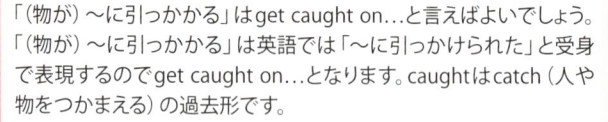

「(物が) 〜に引っかかる」はget caught on...と言えばよいでしょう。「(物が) 〜に引っかかる」は英語では「〜に引っかけられた」と受身で表現するのでget caught on...となります。caughtはcatch (人や物をつかまえる) の過去形です。

My skirt got caught on something. スカートが何かに引っかかった。

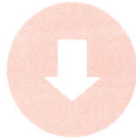

"I've got a run!"
「でんせんしちゃった!」

「I've got a run in my pantyhose.のことです。runは「走る」という意味でよく使われますが、ここでは名詞でストッキングなどのでんせんを指します。でんせんが「走った」ような状態をイメージすると分かりやすいですね。また、ここでも動詞がhasではなくhaveになっている点に注意して下さい。

第14章　Closet

I take off the pantyhose.
ストッキングを脱ぐ。

これまで「服を脱ぐ」「靴を脱ぐ」「キャップを開ける」などにtake offやtake A off Bを使ってきましたが、いずれも「〜から離れる」というニュアンスです。同様のニュアンスで、飛行機が離陸するときや人がその場から立ち去るときにはI'm taking off now.とtake offのみで言うことができます。

I took my ring off.　私は指輪を外した。
The airplane finally took off.　飛行機はついに飛び立った。

I throw away the pantyhose.
ストッキングをごみ箱に捨てる。

「〜を捨てる」はthrow away…がもっとも一般的です。throw aboutやthrow aroundと言えば、ごみ箱ではなく「あたりに投げ散らかす」という意味です。throwが「投げる」の意味だということからイメージできますね。

Throw away all these toys.　（おもちゃばっかり!）捨ててしまいなさい。
Don't throw around your clothes.　服をその辺に投げ散らかすのはやめて。

I throw away the pantyhose.

第14章
Test Yourself

空欄に適切な語を入れましょう。
2語以上入る場合もあります。
難しいときは「ヒント」を参考にして下さい。

1
A: I'd like a cheeseburger and orange juice please.
チーズバーガーとオレンジジュースをください。
B: Here or to (　　)?
こちらでお召し上がりですか、お持ち帰りですか？

2
A: Do you think you will (　　) the exam?
試験に合格したと思う？
B: I don't think so. I couldn't answer the third question.
だめだと思うよ。3つめの問題が分からなかったんだ。

3
A: There is a (　　) in your pantyhose.
ストッキングがでんせんしてるわよ。
B: Oh. Thank you for telling me.
本当だ。教えてくれてありがとう。

4
A: What are you planning to (　　) to the party?
パーティには何を着ていくの？
B: It's not a formal party, so just a T-shirt and jeans.
フォーマルなパーティじゃないから、Tシャツにジーンズだよ。

5
A: Will you (　　) the radio into the outlet over there?
そこのコンセントにラジオのコードを入れてくれない？
B: It runs with batteries.
それ、電池式なんだよ。

6
A: (　　) me treat you to dinner sometime.
今度、食事に誘っていいかな。
B: Sorry honey. I'll be busy until next year.
ごめんなさい。来年まで忙しいの。

第14章　Closet

ヒント➡ wear, choose, go, button, zip up, buckle, plug, let, iron, get caught on, run, pass

7
A: You should (　　) your belt. You look sloppy.
ベルト締めてよね。だらしないから。
B: But I'm really full.
でもお腹いっぱいなんだ。

8
A: Thank you for (　　) my shirt.
僕のシャツ、アイロンかけといてくれたありがとう。
B: You shouldn't. I scorched the back.
お礼なんて言わないで。背中焦がしちゃったから。

9
A: You (　　) your shirt wrong.
シャツのボタン、かけ違えてるよ。
B: Oh, I often do that.
よくやるんだ。

10
A: I will (　　) a jacket that suits you best.
あなたにぴったりのスーツを選んであげるわ。
B: Thanks, but I want to decide myself.
ありがとう。でも自分で決めるよ。

11
A: I can't (　　) the bag.
バッグのジッパーが閉まらないんだ。
B: It must be broken.
壊れてるんだよ。

12
A: The sleeve of your blouse is torn.
ブラウスの袖が破れてるわよ。
B: Yeah, it (　　) a nail.
釘に引っかけたのよ。

American Tidbits

青春の思い出、Letterman Jacket

　胸にYとかTなどの大きなエンブレムが付いていて、身頃と腕の色が違うジャンパー、みなさん一度は見たことがあるのではないでしょうか?日本では「スタジアムジャンパー」という名で通っていますが、アメリカではLetterman Jacketと呼ばれ、ハイスクール時代の思い出を刻むとっても意味があるもの。これは運動部に所属している主に男の子が持っているものです。運動部に入るとまずオーディションによって1軍(varsity)と2軍(junior varsity)に分けられて、その区別をスクールカラーでします。例えばスクールカラーが青と金だとすると、1軍1年目は胸のエンブレムが青、2年目は金、3年目は2色がもらえます(エンブレムのアルファベットは学校名の頭文字です)。一方、2軍は袖に自分の卒業する年の年数が入って、同様に年々色が変わっていきます。

　アメリカのハイスクールでは春は野球、秋はフットボール、冬はレスリングと季節によって盛んなスポーツがあって、運動の得意な男の子は活躍するごとにそれを示すピンや小さなエンブレム(Football09, MVPとか書いてある)を付け、ジャンパーをごちゃごちゃにするのがカッコイイのです。また、それをガールフレンドに着させるところもポイントです。青春だね。

答え→❶go ❷pass ❸run ❹wear ❺plug ❻Let ❼buckle ❽ironing ❾buttoned ❿choose ⓫zip up ⓬got caught on

第15章
Bedroom

① bed　ベッド
② sheet　シーツ
③ blanket　毛布
④ bath robe　バスローブ
⑤ lampshade　照明灯の傘
⑥ dlary　日記
⑦ alarm clock　目覚まし時計
⑧ night table　サイドテーブル
⑨ novel　小説
⑩ pillow　枕
⑪ comforter　羽根布団
⑫ pajamas　パジャマ

目覚め

The alarm goes off.
目覚ましが鳴る。

「(目覚まし時計や警報が) 鳴る」はgo offです。ベルなどリンリン鳴るときの「鳴る」はringであると2章で説明しました。目覚ましの場合もこのringを使うことができますが、go offの方がより自然です。

The alarm didn't go off this morning. 今朝は目覚ましが鳴らなかった。
The alarm went off when the thief got in. 泥棒が入って警報が鳴った。

I feel for it.
手で探る。

「〜を手で探る」はfeel for...です。feelは「手などで触って感じる、知覚する」という意味の動詞です。ここでのforは「〜を求めて」という感じだと考えて下さい。

I felt my pocket for a key. 私は鍵を見つけようとポケットを探った。

I turn off the alarm.
目覚ましを止める。

「(機器などを) 止める」と言うときはturn off...です。目覚まし以外にもさまざまなものに使えます。また「目覚ましをかける」はset the alarm。「7時に目覚ましを合わせる」と言う場合はset the alarm for 7 o'clockです。

I tried to turn off the alarm again and again, but it was the telephone. 何度も目覚ましを止めようとしたが、電話だった。
I set the alarm wrong. 目覚ましの時間を合わせ間違えた。

第15章　　Bedroom

I hear the children laughing.
子供の笑い声が聞こえる。

「〜が聞こえる」はhear…です。hear the voiceで「声が聞こえる」です。hearとよく混同される動詞にlisten (to)があります。hearが「聞こうとしていないが自然に耳に入る」という意味であるのに対して、listen (to)は「意識を傾けて聞く」ことを表します。

Sorry, I can't hear you.　ごめん。聞こえないわ。
Listen to me!　ちゃんと聞いてよ。

I wake up.
目が覚める。

wake upはよく「起きる」と日本語に訳されますが、単に「目を覚ます」ことで「ベッドから出て起きる」という意味ではないので注意して下さい。wake-up callは「モーニングコール」のことを表します。

I like to stay in bed after I wake up.　目が覚めた後、ベッドでグズグズするのが好きだ。

I'm sleepy.
眠い。

「眠い」と言うのはsleepyです。反対に夜なのに「目が冴えている」と言う場合はwide awakeと言います。ちなみにsleepyはsleep (眠る) という動詞からきています。あまり眠れなかったときはI couldn't sleep well last night.などと言えます。

I always get sleepy when I read a book.　本を読むといつも眠くなる。
I was wide awake that night.　その夜は目が冴えていた。

I go back to sleep.
もう一度寝る。

go back to...は「〜に戻る」という意味です。「眠りに戻る」と表現するわけです。go back to Japanなら「日本に帰る」です。come backは、反対に「帰ってくる」という意味です。

I'm going back to America next month. 私は来月アメリカに帰る。
When did you come back to Japan? いつ日本に戻ってきたの？

I've overslept.
寝過ごす。

「寝過ごす」はoversleepと言います。英語には、このように頭にoverを付けて「〜し過ぎる」という意味になる動詞が少なからずあります。例えばoverdoなら「やり過ぎる」、overchargeなら「法外な料金を取る」です。

I overslept this morning and cut class. 今朝寝過ごして、授業をさぼった。
Don't overdo it. がんばりすぎるなよ。

I jump out of bed.
飛び起きる。

「飛ぶ、飛び上がる」はjumpを使って表現します。out of...は「〜から」「〜の外へ」というイメージです。「ベッドから飛び上がる」というわけです。普通に「起きる」と言うときはget upを使って下さい。

He jumped out of the window. 彼は窓から飛び出した。
I got up early this morning. 今朝は早起きした。

第15章　Bedroom

I jump out of bed!

眠る

I **get into** my bed.
ベッドに入る。

「〜に入る」はget into...です。何かの中に入り込むような動作を表します。よく使われる表現にgo to bedがありますが、こちらは単にベッドの中に入る動作を表すのではなく「寝る」「寝に行く」という単語です。

We got into the car.　私たちは車に乗り込んだ。
It's time to go to bed.　もう寝る時間よ。

I **lie on my stomach**.
うつ伏せになる。

lieは「横になる」という意味で、stomachは「お腹」です。「お腹を下にして横になる」という表現です。逆に「仰向けになる」と言うときは、背中が下になりますからlie on my backと言います。lieの過去形はlayで、間違えてliedにすると「嘘をついた」になってしまうので気をつけて下さい。（「嘘をつく」という意味のlieもあります）

She lay on her back.　彼女は仰向けになった。
I know you lied to me.　嘘をついたのは分かってるのよ。

I read a thriller.
スリラーを読む。

「〜を読む」はread... です。小説（novel）はthrillerのほかに、detective story（推理小説）、romance（恋愛もの、冒険もの）、short story（短編小説）、science fiction（SF）などがあります。

I read a story to my child every night. 私は毎晩子供に物語を読んであげる。

I'm getting sleepy.
眠くなってきた。

「眠い」はsleepyで、「眠くなる」という場合はget sleepyと言います。get＋形容詞で「ある状態になる」という意味です。「暗くなる」「怒る」「疲れる」など、その状態に「なる」ことを表現したときはgetを使って表せます。

It's getting dark. We've got to go home. 暗くなってきた。帰らないと。
Walking for two hours, I got tired. 2時間も歩いて、私は疲れた。

I lie on my stomach.

第15章　**Bedroom**

I close the book.
本を閉じる。

open...の反対で、「～を閉じる」はclose...です。ただし「(お店が)開いている」という形容詞がそのままopenで表せたのに対し、「閉まっている」はclosedとするので注意して下さい。ちなみに「しおり」は英語でbookmarkと言います。

Feeling tired, I closed my eyes.　疲れたので目を閉じた。
The store is closed on Sundays.　その店は日曜日は閉まっている。

"Good night."
「おやすみなさい」

goodはあいさつのフレーズにはよく登場します。Good morning. (おはよう)、Good evening. (こんばんは)、Goodbye. (さようなら)などがあげられます。また、「おやすみ」と言うときにGood night.のほかに、Sleep tight. (ぐっすり寝て) やSweet dreams. (よい夢を) などと言ったりもします。

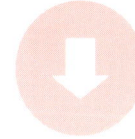

I fall asleep.
眠る。

「眠る」はfall asleepです。asleepというのは「眠っている」状態を表す単語です。fallは「落ちる」という意味で「眠りに落ちる」という意味です。go to sleepと言うこともできます。前出のget into bedやgo to bedは、fall asleepすることは含みません。

As soon as he got into bed, he fell asleep.　ベッドに入ってすぐに、彼は眠りこんだ。
He fell out of the bed.　彼はベッドから落ちた。

I have a dream.
夢を見る。

「夢を見る」というのはhave a dreamです。dreamの前にniceやbadなどを付けると「よい／悪い夢を見る」という意味になります。dreamを動詞として使うこともできます。ちなみに、悪夢のことをnightmareと言うことも一緒に覚えておきましょう。

I had a bad dream last night. 昨日の夜、嫌な夢を見た。
I often dream about you these days. 最近、君の夢をよく見るよ。

I am chased by the devil.
悪魔に追いかけられる。

「〜を追いかける」はchase…と言います。be chasedで「追いかけられる」です。映画などで激しいクルマの追跡劇が見られますが、これはcar chaseと言います。このchaseは、これを名詞として使ったものです。「こっそり追跡する（跡をつける）」場合はfollow…です。

The police chased the murderer. 警察はその殺人犯を追跡した。
The detective followed the suspect. 刑事は容疑者の跡をつけた。

"Help me!"
「助けて！」

危険な目にあって助けを求めるときは、"Help me!"と大声で叫びましょう。help…は「〜を助ける、手伝う」という意味のもっとも一般的な動詞で、Somebody help me! (誰か助けて！) も決まった表現です。saveも同じ「助ける、危険から救い出す」という意味の動詞ですが「助けて！」という使い方はできません。He saved me from danger. で「彼は私を危険から救ってくれた」という意味です。

第15章　　Bedroom

I **wake up** from the dream.
夢から覚める。

「（夢や眠りから）覚める」はwake upで表現します。wake upには「（人を）起こす」という意味もあり、wake him upのように使います。awakeも「目覚める」という意味ですが、wake upよりもやや堅い表現です。過去形はそれぞれwoke up、awokeなので注意して下さい。

I woke up early this morning.　今朝は早く目が覚めた。
Please wake me up at eight.　8時に起こして下さい。

Help me!

第15章
Test Yourself

空欄に適切な語を入れましょう。
難しいときは「ヒント」を参考にして下さい。

1

A: ( ) up! It's already ten.
起きなさい!もう10時よ。
B: Let me sleep a little more.
もうちょっと寝かして。

2

A: Let's ( ) into the car!
さあ、車に乗り込もう!
B: Wait. I've left my bag in the house.
待って。家の中に鞄を忘れちゃった。

3

A: What are you ( )?
何を読んでるの?
B: A mystery by Agatha Christie.
アガサ・クリスティのミステリーよ。

4

A: I had a terrible ( ) last night.
昨日ひどい夢を見たわ。
B: You must have been tired.
疲れてたのよ。

5

A: You are very quiet today. What's wrong with you?
今日は静かね。どうかしたの?
B: I feel ( ).
眠いの。

6

A: Why are you late for the class?
どうして授業に遅れたの?
B: I ( ) because my alarm didn't go off.
目覚ましが鳴らなくて、寝過ごしたんです。

第15章　Bedroom

ヒント➡ feel, wake, oversleep, get, read, back, sleepy, dream, chase, jump, get, hear

7
A: How did you break your leg?
なんだって足を折ったりしたの？
B: I ( ) out of the window.
窓から飛びトリたんだよ。

8
A: When I said Andy was cool, Harry ( ) so mad.
私がアンディのこと素敵だって言ったら、ハリーはすごく怒ったのよ。
B: Oh, he was jealous because he loves you.
彼あなたのこと好きだから、やきもち焼いたのよ。

9
A: When are you going ( ) to Paris?
いつパリに帰るつもり？
B: Maybe next month.
たぶん来月だよ。

10
A: Why don't you go out with Ted?
テッドとつき合ったらどう？
B: No way! He's always ( ) girls.
まさか！彼っていつも女の子を追いかけてるじゃない。

11
A: Can you ( ) me?
僕の声、聞こえる？
B: Yeah, loud enough.
ああ、うるさいくらいだよ。

12
A: It's dark and I can't see where the light switch is.
暗くて電気のスイッチがどこにあるか見えないわ。
B: ( ) for it.
手で探ってごらんよ。

American Tidbits

「よい夢」を演出

　住宅事情の違いですがアメリカの寝室は広い。したがってベッドの大きさも種類も日本とは違います。大人が寝る一番小さいものがsingle、次はfull、double、queen、kingサイズとなります。queenサイズまでは縦長ですがkingサイズは横に長く5人くらいの人が寝られる大きさです。

　そのほかにも、マットレスのスプリングに代わって水の入ったwater bedや、子供が使う2段ベッドbunk bedなどもあります。アメリカ人はベッドまわりを飾るのが大好きな人が多いです。子供の頃、女の子はひらひらカーテンがかかった天井つきのベッドcanopy top bedでお姫さま気分に、男の子だったら大好きなフットボールや大リーグなどのチームの絵柄が付いたcomforter cover（かけ布団）やクッションなどをたくさん置いて夢いっぱいの部屋作りをします。大人になったらベッドに枕をいくつも置いたり、dressingまたはskirtと呼ばれる、大きなゴムのスカートのようなものをベッドの裾にかけたり、同じ柄のbed spreadをかけて飾ります。寝られればいい、のではなく、体も気持ちも心地よく眠るための演出をするのがとても好きです。

答え→❶Wake ❷get ❸reading ❹dream ❺sleepy ❻overslept ❼jumped ❽got ❾back ❿chasing ⓫hear ⓬Feel

言いたい英語を日本語から引ける便利なINDEX

INDEX ★あ行

あ行	あける	開ける(ふたを取る)	take the lid off the bottle	148
		クロゼットを開ける	open the closet	156
		ドアを開ける	open the door	23
		はさみで封を開ける	cut open the envelope	140
		歯磨き粉のキャップを開ける	take the cap off the toothpaste	55
		門を開ける	open the gate	8
	あげる	ジッパーを上げる	zip up the pants	158
		便座を上げる	lift the seat	66
		ボリュームを上げる	turn up the TV	31
	あじ	味見をする	taste it	116
	あっ	あっ!	Oops!	55,137
	あつい	熱い!	That's too hot!	74
	あつくする	フライパンを熱くする	heat up the frying pan	108
	あった	あった!	Here it is!	30,138
	あとで	後で電話する	I'll call her later.	46
	あらう	泡を洗い流す	rinse the soap off my body	80
		お皿を洗う	wash the dishes	102
		髪を洗う	shampoo my hair	79
		体を洗う	wash myself	80
		やさしく顔を洗う	wash my face gently	53
	ある	手紙がある	find some letters	10
	あわだてる	洗顔石けんを泡立てる	lather the face soap	53
		タオルを石けんで泡立てる	soap down the towel	79
	いいてんき	今日はいい天気!	It's a beautiful day!	86
	いう	犬にただいまを言う	say hi to my dog	10
	いく	玄関へ行く	go to the front door	11
	いたい	痛い!	Ouch!	115
		痛む	That hurts.	76
	いただきます	いただきます	Bon appétit!	124
	いためる	野菜を炒める	stir-fry the vegetables	116
	いつ?	レポートの提出はいつ?	When is the report due?	139
		いつまで待たせるかなー?	How long do I have to wait?	45
	いれる	アイロンのコードをコンセントに入れる	plug the iron cord into the outlet	160
		赤ワインを入れる	pour in some red wine	111
		コップに水を入れる	fill the cup with water	56
		魚をグリルの中に入れる	put the fish in the broiler	98
		洗剤を入れる	add the detergent	89
		洗濯物を洗濯機に入れる	put the laundry in the washing machine	87
		ニンニクの薄切りを入れる	put in the thinly sliced garlic	109
		入浴剤を入れる	put in some bath salts	75
		肉をフライパンに入れる	add the meat into the frying pan	109
		柔らかいものをネットに入れる	put delicate clothes in laundry nets	87
	うえに	お茶はテーブルの上	The tea is on the coffee tables.	28
	うごかない	ファクスが動かなくなる	The fax machine stopped.	47
	うたう	歌を歌う	sing	77
	うつくしい	美しい壁紙	The wallpaper is lovely.	35
	うつぶせになる	うつ伏せになる	lie on my stomach	171
	うめる	水でうめる	add some cold water	74
	うらがえす	肉を裏返す	turn the meat over	110
	えらぶ	服を選ぶ	choose clothes to wear	156
	おいかける	悪魔に追いかけられる	I am chased by the devil.	174
	おいしい	あ〜、おいしい!	I needed that!	124

INDEX ★か・さ行

		おいしい!	It's delicious!	29
おく	荷物を床に置く	put my baggage on the floor	18
おす	開始ボタンを押す	press the start button	88
おとす	泡を落とす	wash off the soap	54
	途中で落とす	drop it	125
	ブラシでほこりを落とす	dust it with a brush	21
おやすみなさい	おやすみなさい	Good night.	173
おりる	体重計から降りる	get off the scale	73
おる	タオルを3つ折りにする	fold the towels twice	92
おろす	ズボンを下ろす	let my pants down	63
か行 かえる	新しいロールに換える	put on a new roll	66
かかる	鍵がかかっている	The door is locked.	12
かきうつす	ノートに書き写す	write the word down in the notebook	137
かけなおす	かけなおす	try again	42
	もう一度かけなおす	call again	43
かける	アイロンをかける	iron the blouse	161
	鍵をかける	lock the door	12
	シャツをハンガーにかける	hang the shirt (up) on the hanger	91
	やかんを火にかける	put the kettle on the stove	99
かたづける	お皿を片付ける	clear away the dishes	102
がっかりする	がっかりする	I'm disappointed.	101
かむ	もぐもぐ噛む	chew it	126
かわく	爪を乾かす	dry my nails	150
	洗濯物が乾く	The laundry has dried.	92
きこえる	子どもの笑い声が聞こえる	hear the children laughing	169
きりをふく	ブラウスに霧を吹きかける	spray water on the blouse	161
きる	今日は何を着ようかな?	What shall I wear today?	156
	電話を切る	hang up	41
	指を切った	I've cut my finger.	115
きれる	紙切れだ	run out of paper	47
	トイレットペーパーが切れる	The toilet paper has run out.	65
くる	友だちから手紙が来た	I've got a letter from a friend.	140
けす	消す	erase it	139
	テレビを消す	turn the TV off	32
	部屋の明かりを消す	turn off the light	33
げんき	やあ、元気?	How are you (doing)?	44
ここが	ここがリビングルーム	Here is the living room.	28
こげる	焦げている!	It's burning!	101
こする	ブラシでトイレをゴシゴシこする	scrub the toilet bowl with a brush	67
こぼれる	泡がこぼれる	The head overflows.	123
さ行 さがす	友だちの電話番号を探す	look for my friend's phone number	41
さぐる	手で探る	feel for it	168
さしこむ	コンセントを差し込む	plug in the hair dryer	150
さっぱりする	ああ、さっぱり!	That feels better!	54
さめる	目が覚める	wake up	169
	夢から覚める	wake up from the dream	175
じかんだ	11時だ	It's 11 o'clock.	32
	大好きな番組の時間だ	It's time for my favorite program.	30
しまう	食器棚にしまう	put them away in the cupboard	103
	洗濯物をタンスにしまう	put the laundry in the chest	93
しめる	カーテンを閉める	close the curtains	32
	ふたを閉める	close it	98
	ベルトを締める	buckle the belt	159
	門を閉める	close the gate	9
じゅんびする	お風呂の準備ができた	The bath is ready.	75
～しよう	洗濯をしよう	I think I'll do the laundry.	86
	座ってみよう	Let me sit down.	34
しらべる	辞書で単語を調べる	look up a word in the dictionary	136

INDEX ★た行

すぎる	3日も過ぎている	It's already three days past the expiry date.	128
すくう	フライ返しですくう	use a spatula	114
すすぐ	ぶくぶくとすすぐ	rinse out my mouth	56
すする	お茶をすすろう	I will sip the tea.	28
すてきな	ステキなふたりがけソファ!	What a nice love seat!	34
すてる	ごみ箱に捨てる	throw away the pantyhose	163
	トイレットペーパーの芯を捨てる	throw away the used-up roll	66
スプレーする	消臭剤をスプレーする	spray the deodorizer	65
する	牛肉に塩、コショウする	season the beef with salt and pepper	108
	化粧をする	apply make-up	147
	宿題をする	work on the homework	135
	ヘアバンドをする	put on a hair band	52
すわる	イスに座る	sit down	34,134
	トイレに座る	sit on the toilet seat	63
	床に座る	sit on the floor	20
せんぎりにする	キャベツを千切りにする	chop the cabbage razor thin	114
そそぐ	グラスにビールを注ぐ	pour beer into the glass	123
そろえる	靴をそろえる	put the shoes in order	19
た行 ダイヤルする	ダイヤルする	dial the number	42
だす	あっ、出しすぎた!	Oops! That's too much.	55
	お湯を出す	turn on the hot water	73
	チューブを押して中身を出す	squeeze the cream out of the tube	21
	歯磨き粉を歯ブラシに出す	put toothpaste on the toothbrush	55
	料理を出す	serve the food	124
たす	しょうゆを足す	add some soy sauce	116
たすける	助けて!	Help me!	174
ただいま	ただいま	I'm home.	13
たたく	顔に化粧水を軽くたたく	pat my face with the astringent	146
たべる	こんなの食べれない	I can't eat this.	101
たまる	水が溜まる	fill with water	88
たりない	何かが足りない	Something is missing.	117
チェックする	鏡で歯をチェックする	check my teeth in the mirror	57
ちぢむ	シャツが縮んでしまった	The shirt shrank…	90
つかる	お湯につかる	soak in the bathtub	76
つく	門の前に着く	reach the front gate	8
つける	ガスに火をつける	light the gas	98
	髪全体につける	put it in my hair	79
	換気扇をつける	turn on the ventilator	99
	コンピュータをつける	turn on the computer	134
	テレビをつける	turn the TV on	31
つまむ	ジャガイモをつまむ	pick up the potato	125
できあがり	できあがり!	Done!	22
でる	彼女が(電話に)出る	She answers the phone.	44
	母親が玄関に出る	My mother comes to the door.	13
	浴室から出る	go out of the bathroom	81
	リビングルームを出る	leave the living room	33
てんめつする	ボタンが点滅する	The button blinks.	46
でんせんする	でんせんしちゃった!	I've got a run!	162
とおす	シャツに腕を通す	put on the shirt	157
	ストッキングに足を通す	put on the pantyhose	162
	ズボンに足を通す	put on the pants	158
	ベルトを通す	pass the belt through the loops	159
どこ	消しゴムはどこ?	Where's the eraser?	138
	テレビのリモコンはどこ?	Where's the TV remote control?	29
とじる	本を閉じる	close the book	173
とても	ああ、とっても快適!	Ah…It's so comfortable!	34
	とても柔らかいクッション	This cushion is so soft.	35
とびおきる	飛び起きる	jump out of bed	170

181

INDEX ★ な・は行

とめる	洗濯物を洗濯バサミでとめる	pin the laundry to the clothespole	91
	火を止める	turn off the gas	100
	目覚ましを止める	turn off the alarm	168
とりこむ	洗濯物を取り込む	take in the laundry	92
とりだす	洗濯物を取り出す	take the laundry out of the machine	90
	肉をフライパンから取り出す	take the meat out of the frying pan	112
	手紙を取り出す	take out the letter	140
	服を取り出す	take out the clothes	157
	冷蔵庫からビールを取り出す	take a (bottle of) beer out of the fridge	122
とる	受話器を取る	pick up the phone	40
	乳液を手に取る	put some lotion on my hand	146
	バスタオルを取る	take a bath towel	81
	タオルで水気を取る	dry myself off with the towel	81
な行 ながす	(トイレの)水を流す	flush the toilet	67
	水を流す	turn on the water	102
ながれる	ファクスが流れてくる	The fax is coming (through).	46
なつかしい	懐かしい…	It brings back memories…	141
なってくる	眠くなってきた	I'm getting sleepy.	172
なでる	犬をなでる	pat my dog	11
なる	玄関のチャイムが鳴る	The doorbell rings.	22
	玄関のチャイムを鳴らす	ring the doorbell	12
	電話が鳴る	The phone rings.	40
	目覚ましが鳴る	The alarm goes off.	168
におう	うーん、いい匂いがする	Umm! Smells good!	110
	におう	It smells.	65
にる	ふたをして、ぐつぐつ煮る	cover and simmer	112
ぬく	(栓抜きで)栓を抜く	open the bottle (with a bottle opener)	122
ぬぐ	靴を脱ぐ	take off my shoes	19
	ストッキングを脱ぐ	take off the pantyhose	163
	服を脱ぐ	take off my clothes	72
ぬらす	(水で)顔を濡らす	splash water on my face	52
	髪を濡らす	wet my hair	78
ぬる	靴に塗る	spread it on the shoe	21
	爪にマニキュアを塗る	apply the nail polish	149
ねじる	ビンのふたをねじる	turn the bottle lid	148
ねっする	アイロンを熱する	let the iron heat up	160
	油を熱する	heat up the oil	113
ねむい	眠い	I'm sleepy.	169
ねむる	眠る	fall asleep	173
ねすごす	寝過ごす	I've overslept.	170
のせる	お皿に卵をのせる	put the egg on a plate	114
のぞく	グリルの中をのぞく	look in the broiler	100
	のぞき穴からのぞく	look through the peephole	23
ノックする	ドアをノックする	knock on the door	62
のばす	顔にのばす	spread it on my face	146
	しわを伸ばす	smooth out the wrinkles in the shirt	90
	両足を伸ばす	stretch my legs	77
のむ	牛乳を飲もう	I'm going to drink some milk.	128
	飲めないわ	I can't drink this.	129
	ビールを飲む	drink the beer	123
は行 はいる	キャッチホンが入った	I have a call on the other line.	45
	ベッドに入る	get into my bed	171
	玄関に入る	go in the front door	18
	石けんが目に入る	Soap gets into my eyes.	53
	中に入る	go in	9
	中に入る	go inside	62
	浴槽に入ろうとする	step into the bathtub	75
はかる	軽量スプーンで計る	measure the detergent with a measuring cup	88

182

INDEX ★ま・や・わ行

		体重を量る	weigh myself	72
	はずす	チェーンを外す	unchain the door	23
	はなしちゅう	お話し中だ	The line is busy.	43
	はる	ばんそうこうを貼る	apply a bandage	115
	ひえている	とっても冷えている	The beer is ice-cold.	122
	ひく	油をひく	put some oil into the frying pan	109
	ひっかける	ストッキングが爪に引っかかる	the pantyhose got caught on my nail	162
	ひびく	声が響く	My voice echoes.	78
	ひらく	ノートを開く	open the notebook	136
	ひろげる	ブラウスを広げる	spread out the blouse	160
		指を広げる	spread my fingers out	149
	ふえる	ええー!体重が増えている	Oh no! I've gained weight.	72
	ふく	お皿を拭く	wipe the dishes	103
		タオルで顔を拭く	dry my face with a towel	54
	ふたをする	ふたをする	close the machine	89
		フライパンにふたをする	cover the frying pan	113
	ぶつける	浴槽のふちに足をぶつける	hit my leg against the edge of the bathtub	76
	ふりかける	洗剤を振りかける	sprinkle toilet cleaner	67
	ブローする	髪をブローする	blow-dry my hair	151
	ほうっておく	しばらく放っておく	leave it for a while	99
	ほす	洗濯物を物干し竿に干す	hang the laundry on the clothespole	91
	ボタンをかける	シャツにボタンをかける	button (up) the shirt	158
	ほどく	靴ひもをほどく	untie my shoelaces	18
ま行	まえに	鏡の前に座る	sit in front of the dresser	151
	まちがい	間違い電話だ	It was a wrong number.	40
	まちがえる	スペルを間違えた	I spelled it wrong.	138
	まつ	ちょっと待ってて	Hold on.	45
		待つ	wait	13
	まわす	ドアノブを回す	turn the doorknob	12
		ビンのふたを回して閉じる	screw the lid back on	150
		レバーを回す	turn the handle	64
	みがく	靴を布で磨く	polish the shoe with a cloth	22
		歯を磨く	brush my teeth	56
	みる	スケジュール帳を見る	check the schedule	139
		鏡を見る	look in the mirror	52
		賞味期限を見る	check the best-before date	128
		番組を見る	watch the program	31
		湯加減をみる	see how hot the water is	74
		夢を見る	have a dream	174
		郵便受けを見る	check the mailbox	10
	むかう	家に向かう	head for my house	8
	むずかしい	難しすぎる	It's too difficult.	135
	もういちど	もう一度寝る	go back to sleep	170
	もういいかな	もういいかな?	How's it coming along?	112
	もつ	靴を持つ	hold a shoe	20
		刷毛を持つ	hold the brush	148
		はしを持つ	hold the chopsticks	125
	もっていく	口に持っていく	bring it to my mouth	126
や行	やく	肉を焼く	brown the meat	110
	やめる	やめよう	decide not to do it	136
	ゆるめる	ベルトを緩める	loosen my belt	63
	ようをたす	用をたす	do my business	64
	よむ	スリラーを読む	read a thriller	172
		読む	read it	141
わ行	わからない	グラフの作り方が分からない	I don't know how to make a graph.	135
	わく	お湯が沸く	The water boils.	100
	わける	洗濯物を分ける	sort the laundry	86
	わる	卵を割る	crack an egg	113

183

◇著者紹介
リサ・ヴォート　Lisa Vogt
アメリカ生まれ。メリーランド州立大学で日本研究準学士、経営学学士を、テンプル大学大学院にてTESOL(英語教育学)修士を修める。専門は英語教育、応用言語学。2007年よりNHKラジオ「英語ものしり倶楽部」講師。現在、大学の講師を務めながら、通訳、司会、新聞・雑誌エッセイの執筆など異文化コミュニケーターとして幅広く活躍。また、プロの写真家でもあり、世界6大陸50カ国を旅する。最北地は北極圏でのシロクマ撮影、最南地は南極大陸でのペンギン撮影。

カバーデザイン	滝デザイン事務所
本文デザイン／DTP	大坪輝世 (Spring Design Studio)
本文イラスト	加藤美紀
CD録音・編集	財団法人　英語教育協議会 (ELEC)
CD制作	高速録音株式会社

J新書⑪
ネイティブ厳選　日常生活英会話まる覚え

平成22年(2010年)6月10日発売　初版第1刷発行
平成25年(2013年)7月10日発売　　第2刷発行

著者	リサ・ヴォート
発行人	福田富与
発行所	有限会社Jリサーチ出版
	〒166-0002　東京都杉並区高円寺北2-29-14-705
	電　話　03(6808)8801(代)　FAX 03(5364)5310
	編集部　03(6808)8806
	http://www.jresearch.co.jp
印刷所	株式会社　シナノ パブリッシング プレス

ISBN978-4-86392-017-0　　禁無断転載。なお、乱丁・落丁はお取り替えいたします。
ⓒ Lisa Vogt 2010 All rights reserved.